EINFACH SÜDTIROL

Halbtagestouren für Spätaufsteher

30 ENTSPANNTE WANDERUNGEN FÜR LANGSCHLÄFER

TAPPEINER.

Inhalt

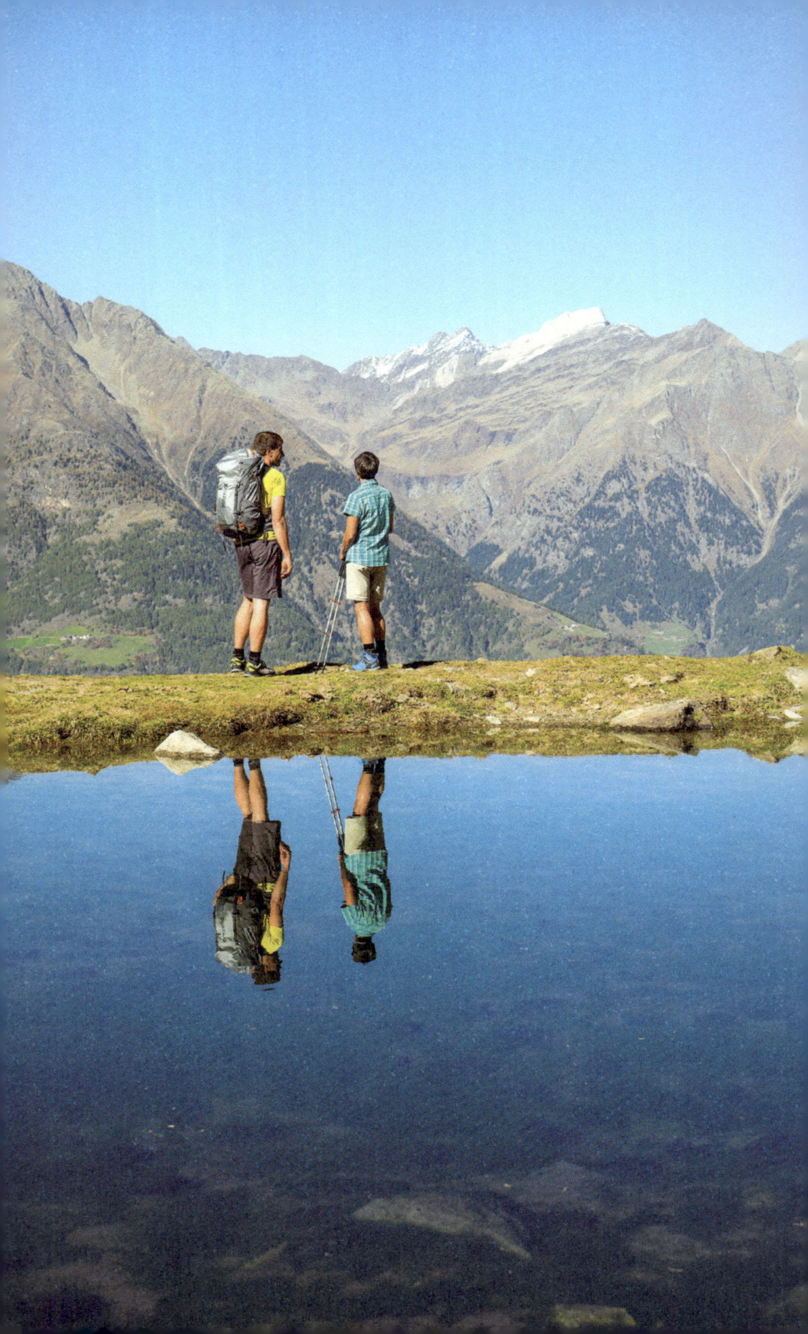

Einführung

Südtirol kann mit einer großen Vielfalt an Wandermöglichkeiten aufwarten und nahezu jeder findet etwas für seine Bedürfnisse und konditionellen Ansprüche. Meist sind die Touren jedoch tagesfüllend und man ist von früh morgens bis abends unterwegs.

Dieses Büchlein ist eigens für Langschläfer, Spätaufsteher oder einfach „Halbtags-Ausflügler" konzipiert, die das ganze etwas lockerer angehen, morgens gerne länger schlafen oder vorher noch ausgiebig und lange frühstücken wollen.

Die Touren sind so gut wie alle unter dreieinhalb Stunden Gesamtgehzeit und ermöglichen somit die freie Planung für den restlichen Tag. Egal, ob es sich um Waalwege mit einer gemütlichen Einkehr, eine gemütliche Almenwanderung oder ein tolles Gipfelerlebnis handelt, jeder kommt auf seine Kosten!

Viel Spaß mit den Halbtagestouren in unserem Büchlein!

Blick auf den Lodner und die Hohe Weiße
in der Texelgruppe

Ausgangspunkt der Tour
Der Start ist auf der Karte mit diesem Symbol gekennzeichnet.

Streckenlänge
Die Angabe der gesamten Strecke in Kilometern

Zeit
Der Zeitbedarf bezieht sich auf die reine Gesamtgehzeit, ohne Essens-, Trink- oder Erholungspausen.

Höhenmeter bergauf
Die angeführten Meter betreffen die bergauf zu bewältigenden Höhenmeter.

Höhenmeter bergab
Die angeführten Meter betreffen die bergab zu bewältigenden Höhenmeter.

Schwierigkeit
einfach: einfache, meist flache Wege und Forststraßen mit wenigen zu bewältigenden Höhenmetern
mittel: Forststraßen und Pfade mit einigen zu bewältigenden Höhenmetern

Anfahrt
Die Anfahrt wird anhand der wichtigsten Wegmarkierungen bis zum Ausgangspunkt angegeben.
Einige Touren sind auch mit der Benutzung von öffentlichen Verkehrsmitteln kombiniert, Fahrpläne finden sich im Internet unter https://www.suedtirolmobil.info/de/

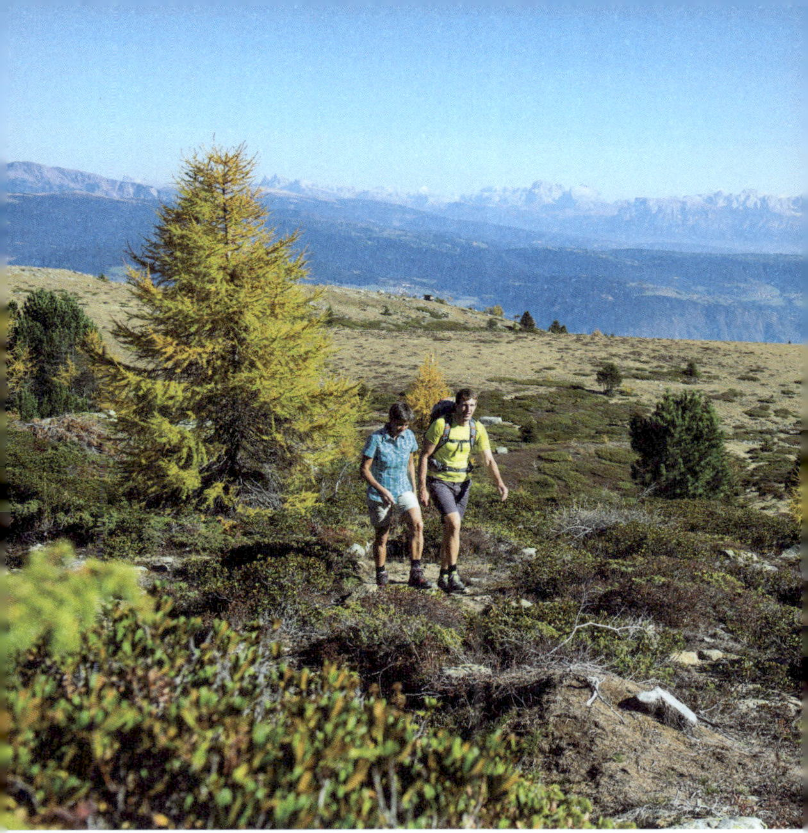

Wanderer am Vigiljoch – am Horizont zeigen sich die Dolomiten.

Über die kostenfreie **Notrufnummer 112** kann in Südtirol auch bei Berg- und Freizeitunfällen Hilfe angefordert werden. Dabei ist es wichtig, seinen Standort, die Art des Unfalls, nach Möglichkeit das Verletzungsmuster anzugeben sowie eine Mobiltelefonnummer, über die der Hilfesuchende gegebenenfalls erreicht werden kann.

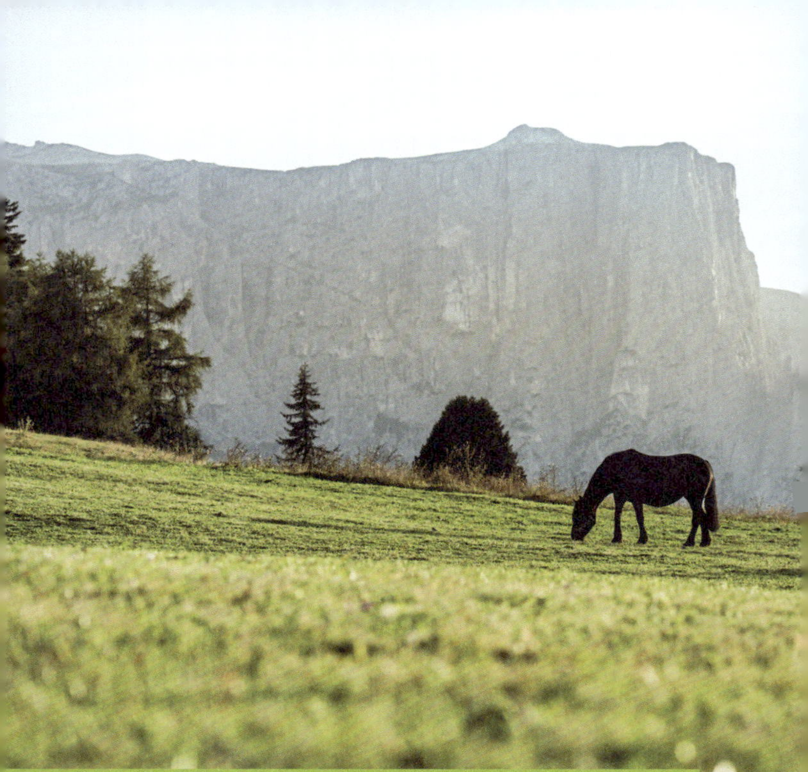

DEINE
PERSÖNLICHEN VORTEILE

Kostenlos 30 Tage statt 7 Tage **Pro+**
(keine Kündigung notwendig!)

10 € Rabatt-Gutschein
auf ein Jahresabo Pro+

TAP-2025-HTS1

Hier geht's direkt zu **deinen persönlichen Vorteilen ...**

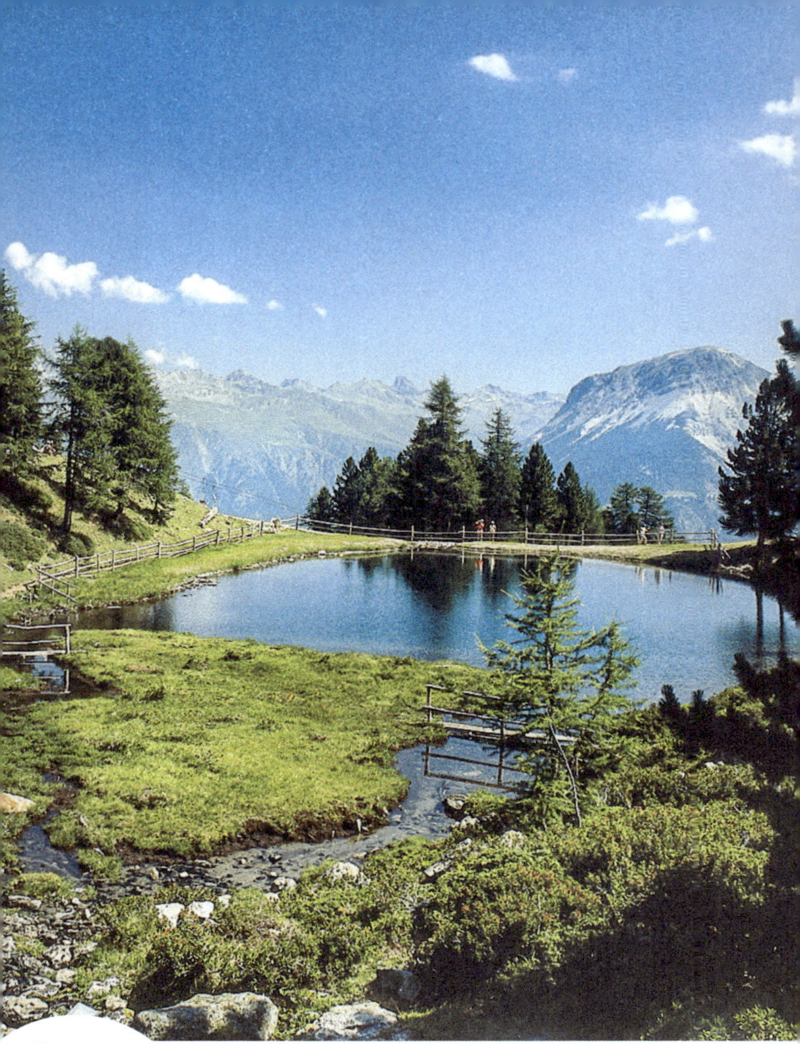

1 Auf das Seeköpfl

Bergstation der Umlaufbahn Haideralm

4,7 km

2:30 h

480 m

480 m

mittel

durch den Vinschgau bis St. Valentin auf der Haide, dort zur Talstation der Umlaufbahn Haideralm, Parkplatz

»Gemütliche Rundwanderung mit Gipfelbesteigung und wunderbarem Panoramablick«

Die Haider Alm liegt über dem Dorf St. Valentin auf der Haide im oberen Vinschgau und wird vom Tal aus bequem mit der Gondelumlaufbahn erreicht. Die Gegend ist vom großen Touristenrummel verschont geblieben und bietet unzählige Wanderungen und einfache Gipfelbesteigungen. Das Gebiet eignet sich vorzüglich für Ausflüge mit der Familie. Der Aufstieg von der Bergstation zum Seeköpfl ist eine relativ einfache Tour, die mit dem Abstieg über den Grünsee zu einer empfehlenswerten Rundwanderung wird. Und da sich Gehzeit und Höhenunterschied doch eher in Grenzen halten, kann sie auch sehr gut mit (etwas größeren) Kindern unternommen werden.

Kleiner Bergsee auf der Haider Alm

Wegbeschreibung: Nach der Auffahrt mit der Umlaufbahn zur Bergstation der Haider Alm folgt man der Markierung 10 bis zur ersten Weggabelung und hält sich dort links, immer auf dem gleichen Weg bleibend. Gleichmäßig, aber nicht übermäßig steil geht es hinauf, bis die Markierung 16 nach links abzweigt. Dieser folgt man hinauf zum Gipfel des Seeköpfls (2635 m), der nur durch einen Steinhaufen und ein kleines Holzkreuz markiert ist. Hier wird man nun mit dem Wanderhighlight belohnt – einem wunderbaren Panoramablick auf die Seen und die Bergwelt des oberen Vinschgaus. Im Abstieg setzt man auf Markierung 16 fort hinunter zum Grünsee und folgt diesem weiter zur Bergstation der Umlaufbahn. An der Bergstation, wo sich ein Almrestaurant mit großer Sonnenterrasse und ein Aktiv-Park mit einigen Attraktionen befindet, legen wir eine Pause ein, bevor wir mit der Bahn wieder ins Tal zurückkehren.

TIPP

Die Haider Alm bietet unzählige Möglichkeiten für Mountainbike- und Bergtouren, ist aber auch ein beliebter Ausgangspunkt für Extremsportler und Paragleiter.

Scan mich!

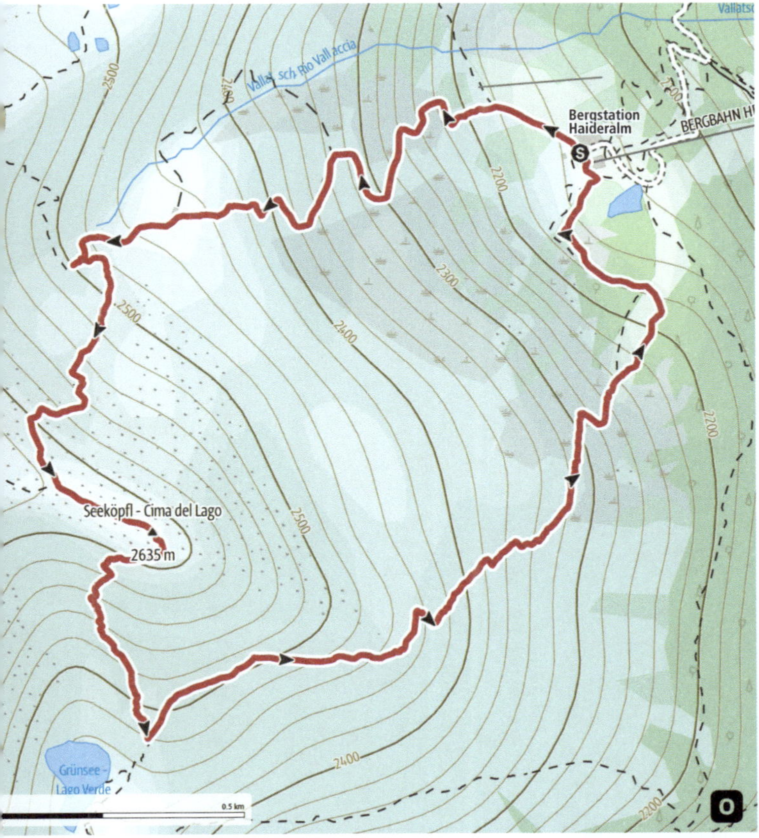

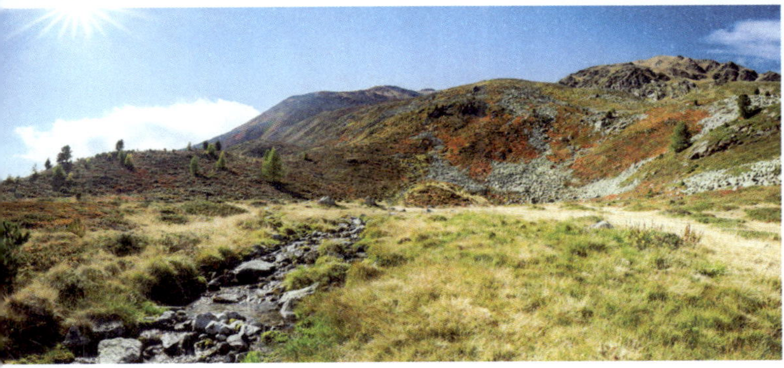

Im Wandergebiet Schöneben

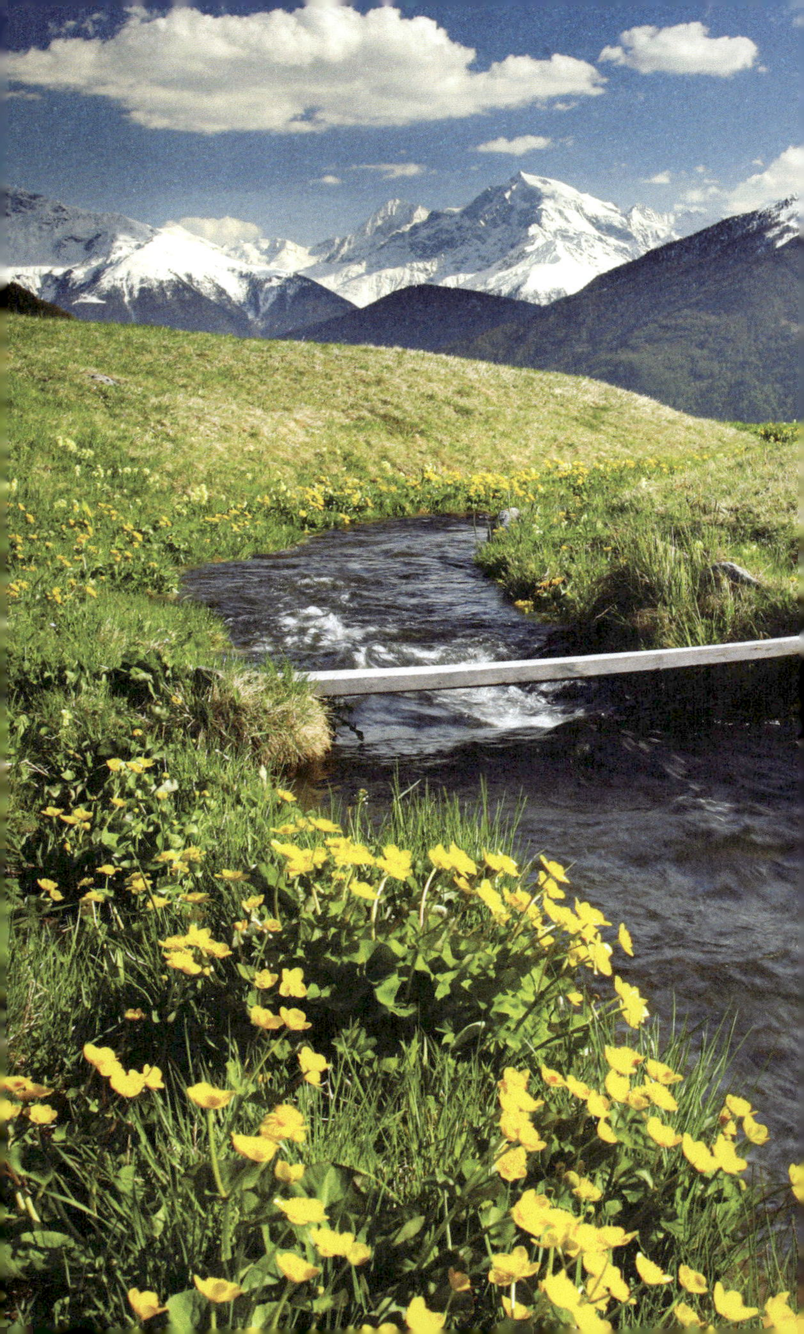

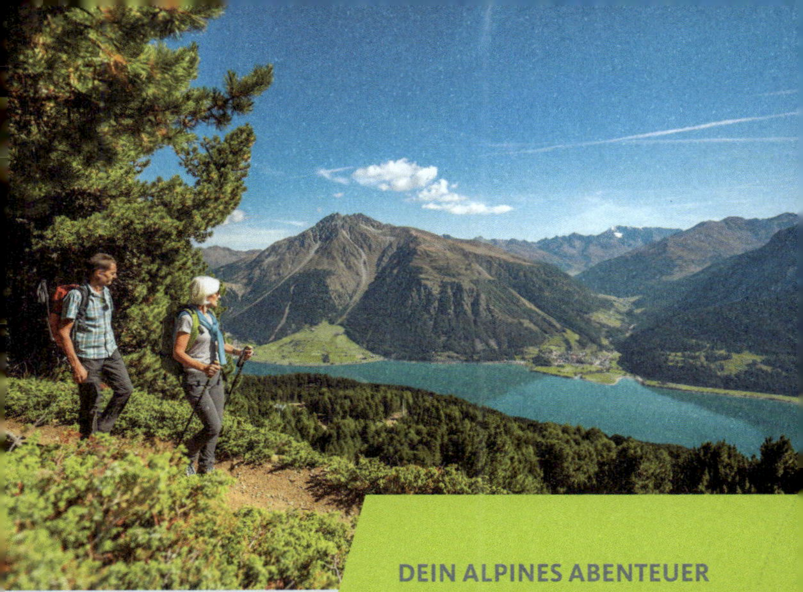

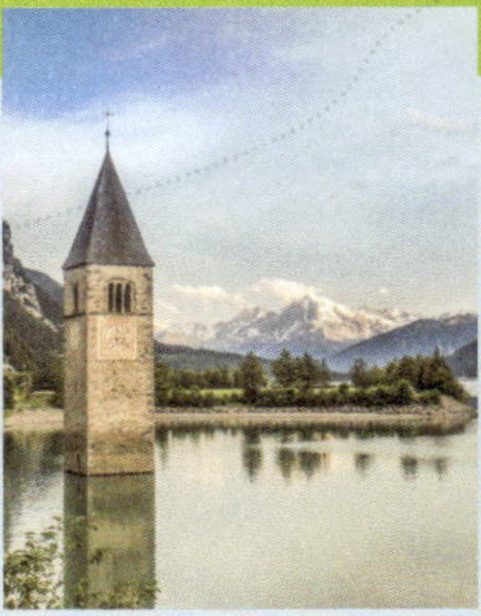

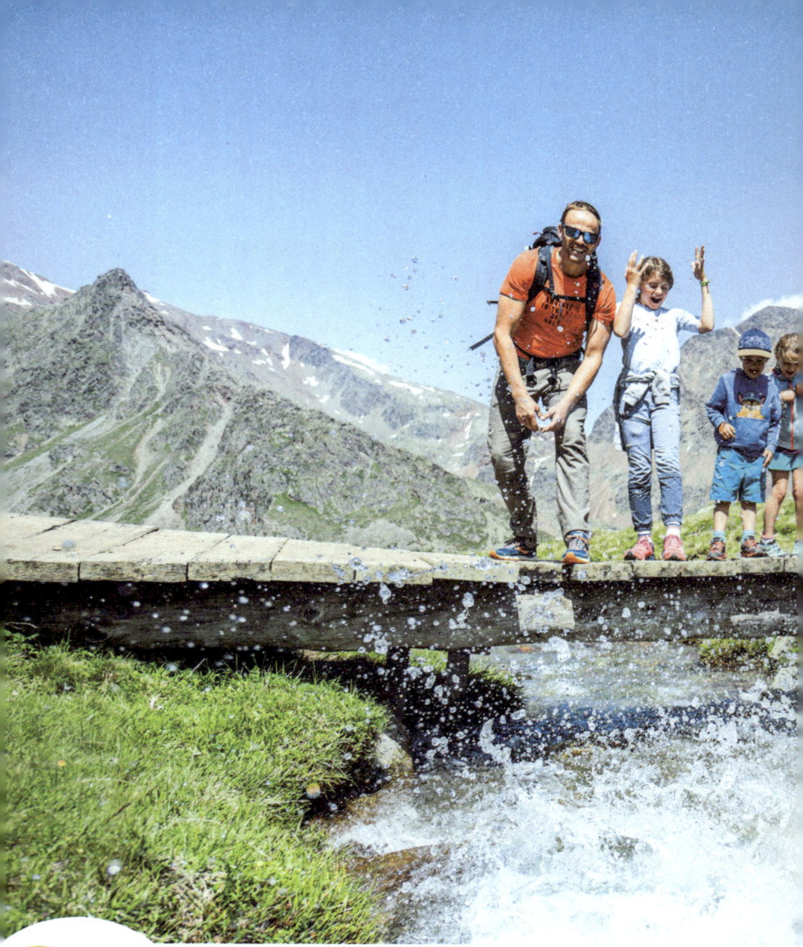

2 Von der Lazaunhütte nach Kurzras

»Eine kurze Wanderung im Schnalstal«

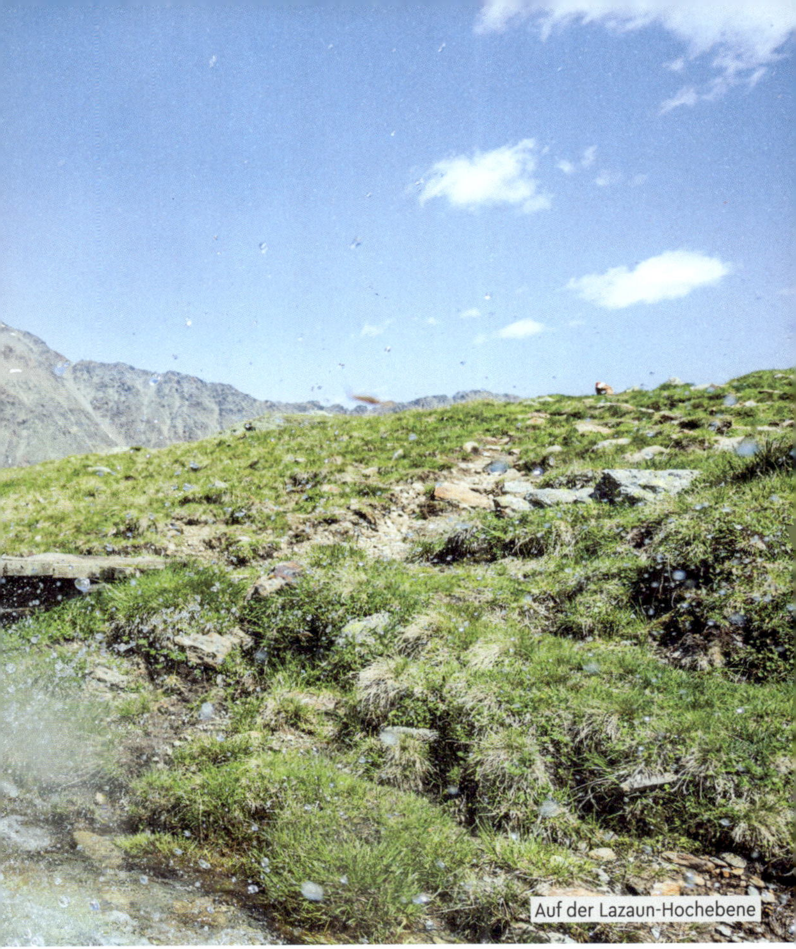

Bergstation der Umlaufbahn Lazaun

4 km

1:15 h

unbedeutend

430 m

leicht

in den Vinschgau bis Naturns, dort rechts ins Schnalstal bis Kurzras zur Talstation der Umlaufbahn Lazaun, Parkplatz

Diese einfache Wanderung kann man sehr gut an einem halben Tag auch mit Kindern unternehmen, vielleicht vor oder nach einem Besuch im *archeoParc* in Unser Frau, einem interaktiven archeologischen Freilichtmuseum, das zeigt, wie Ötzi entdeckt wurde und wo und wie er gelebt haben könnte.

Wegbeschreibung: Von der Bergstation der Umlaufbahn Lazaun, die sich direkt neben der Lazaunhütte befindet, wandert man in sanftem Gefälle auf Markierung 11A taleinwärts, überquert den Langgrubbach und trifft auf den Weg mit der Markierung 1, dem man nach rechts abwärts folgt. Immer auf Markierung 1 steigt man weiter ab und gelangt zurück nach Kurzras.

TIPP

Die Auffahrt mit der Lazaunbahn bietet eine tolle Alternative für die Talfahrt! In den Sommermonaten können an der Bergstation der Umlaufbahn Mountaincarts ausgeliehen werden und man kann vier Kilometer lang ins Tal flitzen! Bitte erkundigen, an welchen Tagen die Flitzer zum Verleih stehen!

Scan mich!

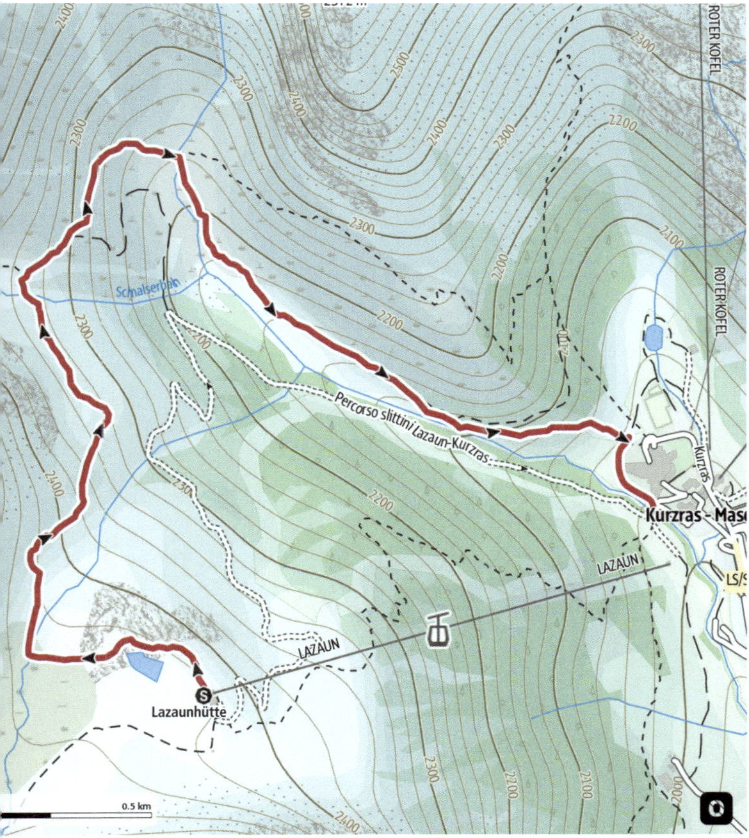

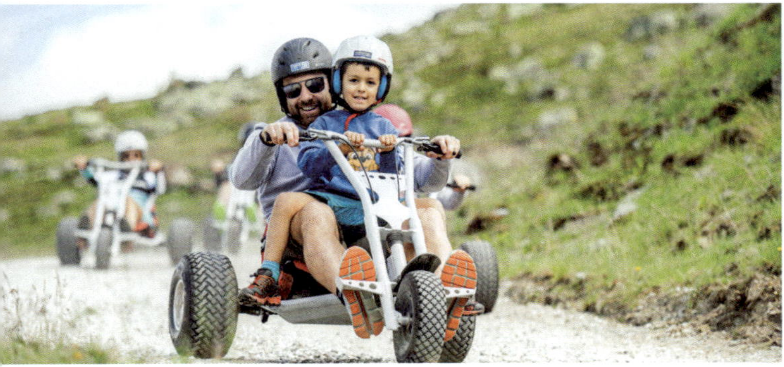

Die Mountaincarts versprechen viel Spaß bei der Abfahrt ins Tal!

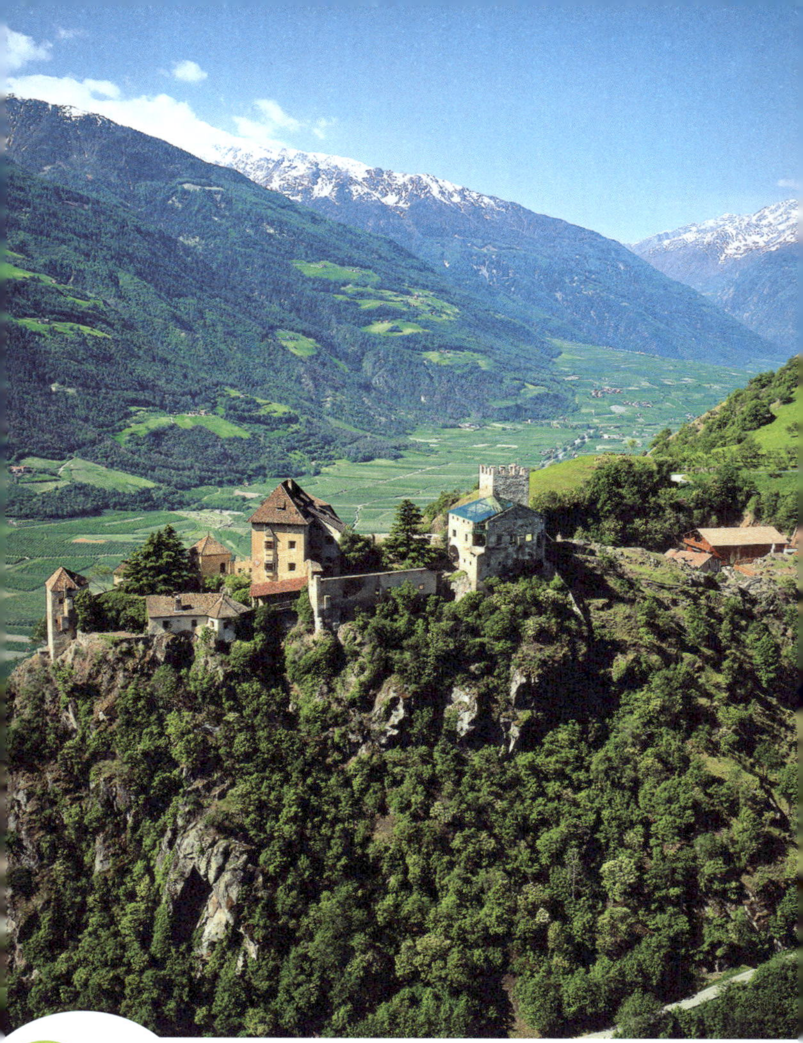

3 Auf dem Tscharser Waalweg zum Schloss Juva

Tschars, Parkmöglichkeit unterhalb der Dorfkirche

7,8 km

2:45 h

270 m

270 m

leicht

in den Vinschgau bis nach Tschars

»Dem Klang des Wassers folgend ...«

Fährt man durch den Vinschgau, dann fällt der markante Unterschied zwischen dem reich bewaldeten Nörderberg und dem steppenartigen Sonnenberg auf. Besonders im Sommer und im Herbst ziehen sich zwischen der Schnalser Schlucht und Tschars zwei üppig grüne „Linien" in leichtem Gefälle quer durch den sonnenverbrannten Sonnenberg.
Ein ganzes Netz von Waalen durchzog damals den Vinschgau. 1939 gab es 225 Waale mit einer Länge von insgesamt 600 Kilometern. Wasser – oder besser Wassermangel – war in dieser „inneralpinen Trockeninsel" von jeher ein Problem. Daher hat man das Schmelzwasser der Gletscher in zum Teil abenteuerlicher Linienführung zu den Feldern geleitet, als Kanal, wo es machbar war, durch Tunnels oder mittels Rinnen aus Lärchenholz, den sogenannten „Kandeln", wo es sein musste. Aber Waale waren und sind arbeitsaufwendig,

Schloss Juval oberhalb der schmalen Schnalstal-Schlucht

der Wasserverlust war teilweise hoch, neue Bewässerungsmethoden und neue Anbauformen brachten Veränderung, viele Waale wurden aufgelassen bzw. verrohrt. Die heute noch bestehenden Waale bzw. die daran verlaufenden Wege sind aber als touristische Infrastruktur erkannt worden und zählen heute untrennbar zur Vinschger Kulturlandschaft.

Wegbeschreibung: Vom Parkplatz folgt man der Markierung 1A und 3B hinauf zum Tscharser Waalweg (auch Vinschger Höhenweg). Nun geht es fast eben den Waal entlang – immer wieder bieten Rastplätze eine tolle Aussicht über den Vinschgau – bis zum Sonnenhof. Dort steigt man in wenigen Minuten auf zum Schloss Juval, der Sommerresidenz des Extembergsteigers Reinhold Messner. Dann kehrt man auf der Aufstiegsroute wieder zur Gaststätte Sonnenhof zurück und hält sich links. Nun schlängelt sich der Weg durch die Weinberge und beschreibt nach wenigen 100 Metern einen Bogen nach rechts. Entlang des Stabener Waalweges geht es schließlich in westlicher Richtung nach Tschars zurück, wobei man sich stets auf dem oberen Weg hält.

TIPP

Der Tscharser Waalweg ist mit seinen elf Kilometern der zweitlängste Waalweg in Südtirol. Er wurde bereits 1504 angelegt.

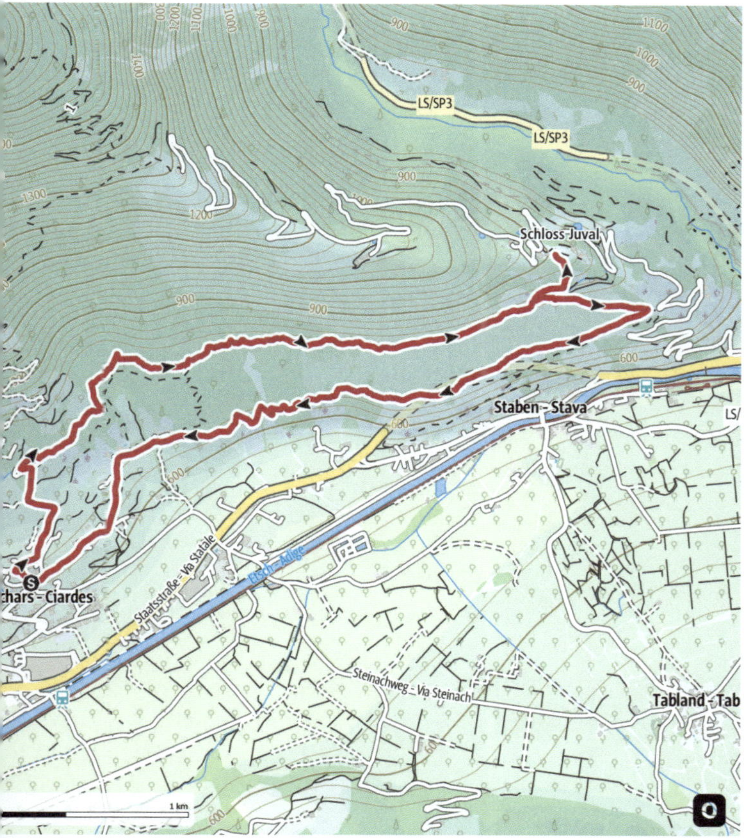

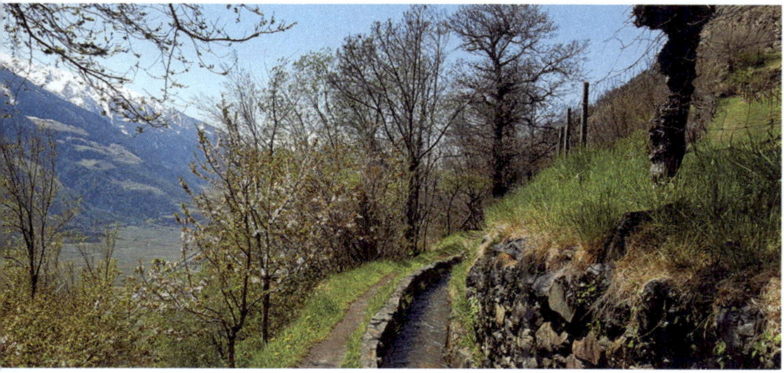

Auf dem Weg Richtung Tschars

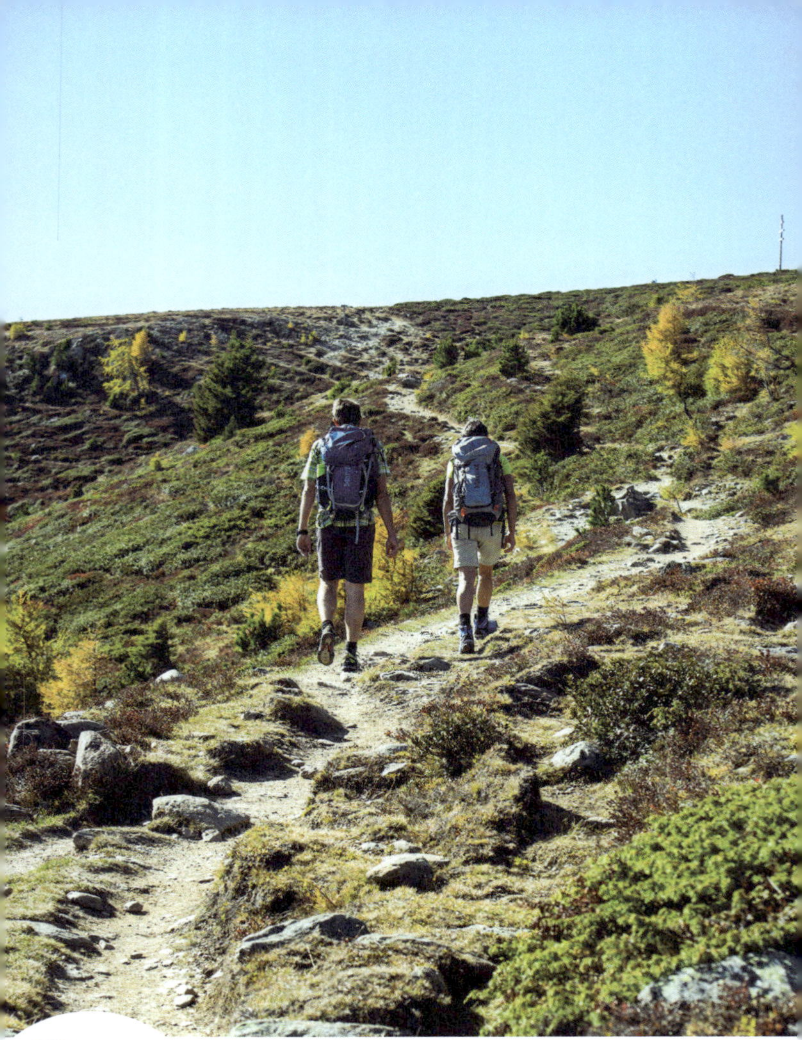

4 Zur Mauslochalm am Naturnser Nörderberg

Parkplatz Kreuzbrünnl (1585 m), Naturnser Nörderberg

7,3 km

2:20 h

340 m

340 m

mittel

in den Vinschgau bis Naturns, dort beim Sportplatz die Nörderbergstraße hinauf bis zum Parkplatz Kreuzbrünnl

»Plätze zum Träumen – gemütliche Wanderung zur malerischen Alm unterhalb der Naturnser Hochwart«

Die Mauslochalm auf dem Naturnser Nörderberg ist eine wunderschön gelegene Alm mit weiten Wiesen und lichten Wäldern. Von der Alm aus kann die Naturnser Hochwart (2608 m) begangen werden, die eine überwältigende Aussicht auf das mittlere Vinschgau, die Ötztaler Alpen, die Ortlergruppe bis hin zu den Dolomiten bietet.

Wegbeschreibung: Nach dem Parkplatz Kreuzbrünnl wählen wir die erste Forststraße rechts. Diese führt uns unterhalb der Zetnalm durch einen dichten Wald. Ab und zu wird der Wald lichter und erlaubt einen Blick auf die Gipfel der gegenüberliegenden Texelgruppe. Wir wandern weiter, einmal ein wenig steiler, dann wieder flach, überqueren zwei Bäche und

Wanderer am Naturnser Nörderberg

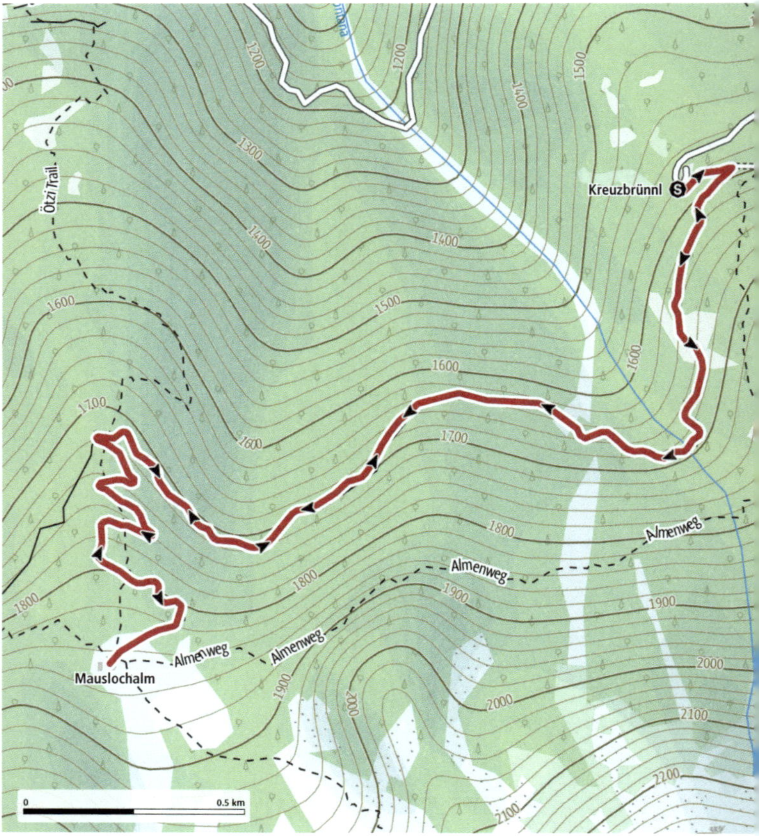

gewinnen langsam an Höhe. Nach dem zweiten Tal, das wir durchwandern, beginnt der Weg ein letztes Mal an Steilheit zu gewinnen und wir schrauben uns in einigen Kehren nach oben. Es dauert nicht mehr lange, und wir sehen die malerisch gelegene Mauslochalm (1837 m). Die Alm liegt in einer kleinen Senke, über uns die Naturnser Hochwart (2402 m), um uns saftige Almwiesen. Abstieg wie Aufstieg.

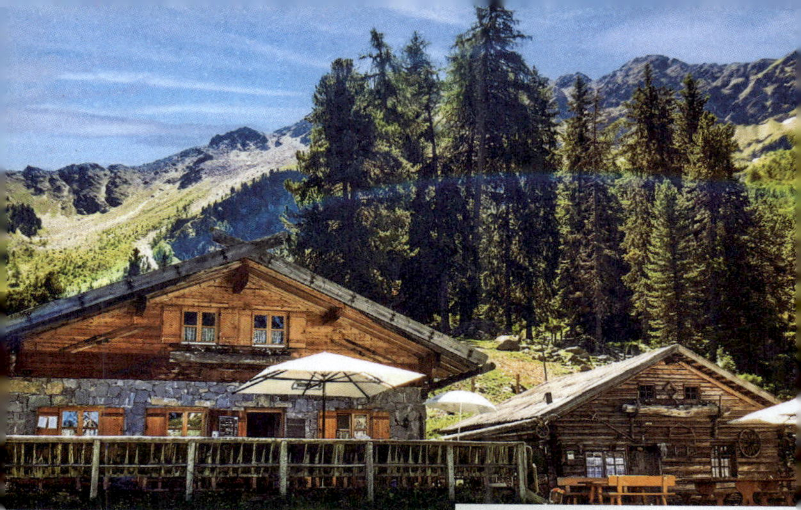

MAUSLOCHALM

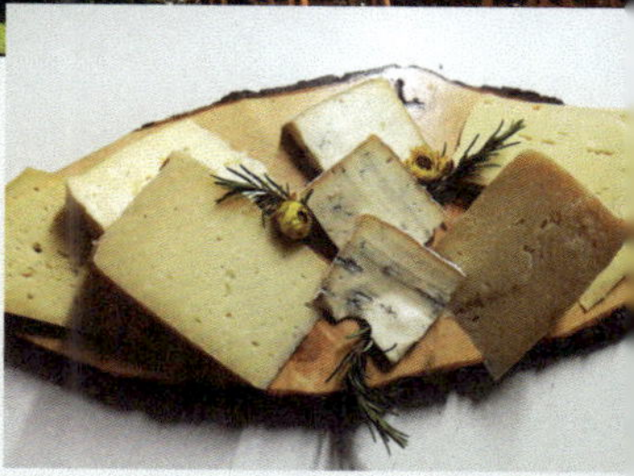

Unsere Mauslochalm ist in wenigen Worten ein idealer Rückzugsort der besonderen Art. Euch erwartet eine traditionelle Südtiroler Küche wie unser Schöpsernes, Knödel und hausgemachte Kuchen. Während die Kinder auf unserem Abenteuerspielplatz in der Natur noch Kinder sein dürfen, können sich die Erwachsenen bei einem Glas Wein vom stressigen Alltag erholen. Der Blick auf die umliegenden Berggipfel, das unglaubliche Panorama und die Ruhe werden euch erstaunen lassen.

Mausloch Olm

Fam. Gurschler
Nörderberg
I-39025 Naturns

M +39 349 6102188 /
+39 347 0663404
volpi99@gmail.com

Öffnungszeiten:
Ende Mai bis Mitte Oktober

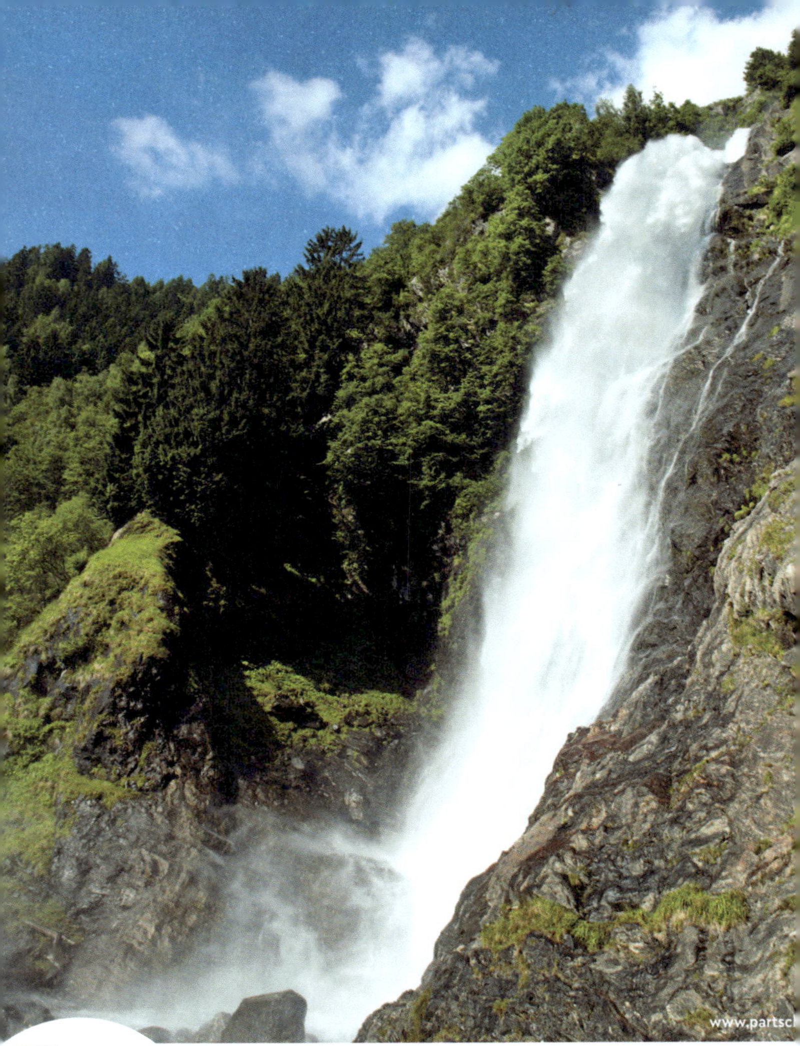

5 Zur Nasereithütte und zum Partschinser Wasserfall

Giggelberg, Bergstation der Texelbahn

8 km

3 h

132 m

1035 m

leicht

mit PKW oder öffentlichen Verkehrsmitteln zur Talstation der Texelbahn in Partschins, Parkplatz

»Eine landschaftlich und aussichtsreiche Wanderung im Naturpark Texelgruppe«

Diese Wanderung am Partschinser Sonnenberg mitten im Naturpark Texelgruppe belohnt jeden, der mit der Texelbahn in die Höhe schwingt. Sehr eindrucksvoll ist die Aussicht über den gesamten Meraner Talkessel bis in die Rosengartengruppe. Der Blick reicht weit in den Vinschgau bis nach Morter, auf das Hasenöhrl und die Laaser Spitze. Der Naturpark Texelgruppe ist durch seinen geschützten Raum Heimat vieler Tierarten wie Steinböcke, Murmeltiere, Gämsen, Steinadler, Falken, Bartgeier und Mäusebussarde.

Wegbeschreibung: Nach der Auffahrt mit der Texelbahn steigt man von der Bergstation kurz hinauf zum etwas höher gelegenen Gasthof Giggelberg (1565 m) und folgt dem Meraner Höhenweg (Mark. Nr. 24) nach rechts.

Der Partschinser Wasserfall

Größtenteils durch Wald führt der Weg durch das Zieltal einwärts bis zur bewirtschafteten Nasereithütte. Hier folgt man nun dem breiten Weg mit der Markierung 8, wandert kurz abwärts, bis links der Fußweg (Nr. 8) abzweigt. Auf diesem gelangt man zur Straße, der man kurz nach rechts folgt. Dann wendet man sich nach links (Markierung 8B), überquert den Zielbach und erreicht absteigend über den Alpinsteig Wasserfall mit seinen bezaubernden „Fallelen" und smaragdgrünen Gumpen das Gasthaus Wasserfall (1068 m). Auf dem Weg Nr. 23 (Hinweis „Talstation Texelbahn") wandern wir hinunter zu einer Wiese, von der aus man einen direkten Blick auf den gesamten Wasserfall hat. Weiter auf Weg Nr. 8 und später Nr. 1 gelangen wir zurück zur Talstation der Texelbahn.

Der Weg zur Aussichtsplattform
am Partschinser Wasserfall

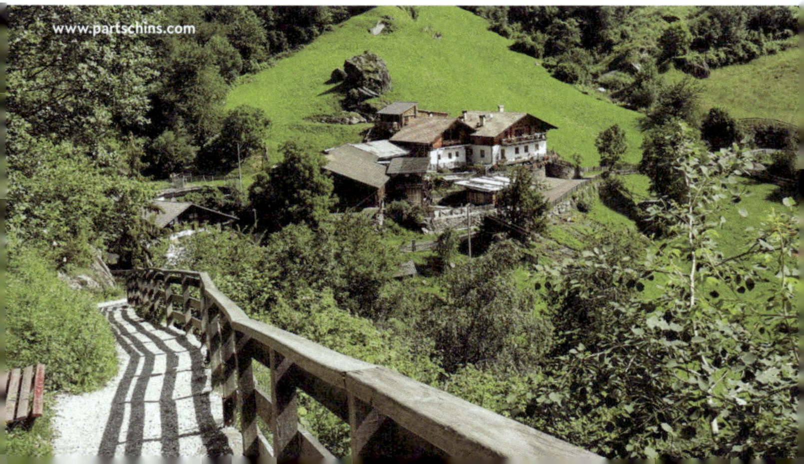

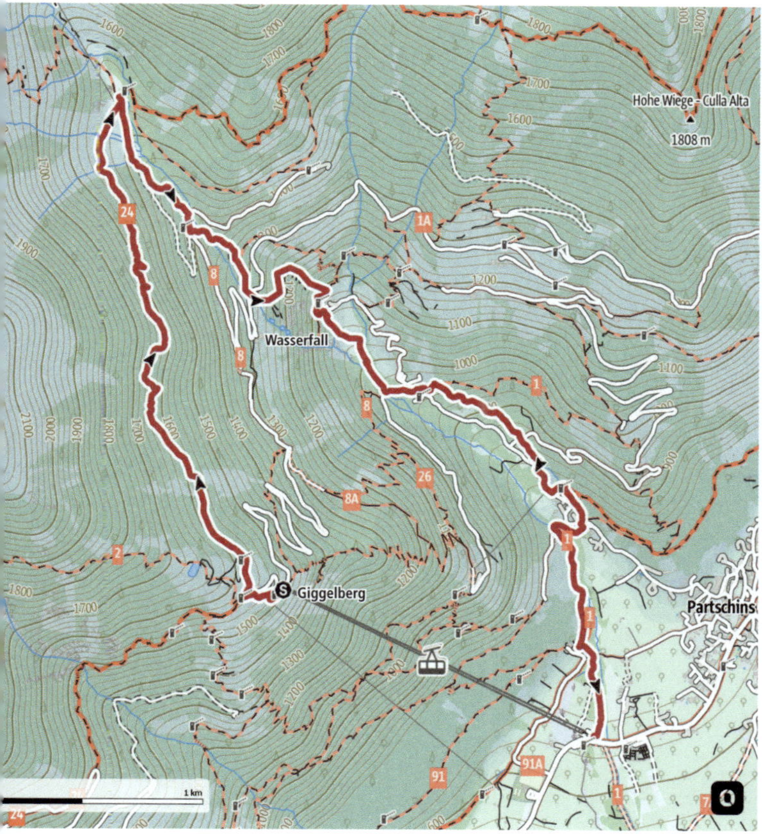

TIPP

Auf der Aussichtsplattform, die wir auf einem Weg mit Geländer in wenigen Gehminuten vom Gasthaus Wasserfall aus erreichen, können wir den Partschinser Wasserfall, den wohl imposantesten Wasserfall Südtirols bestaunen.

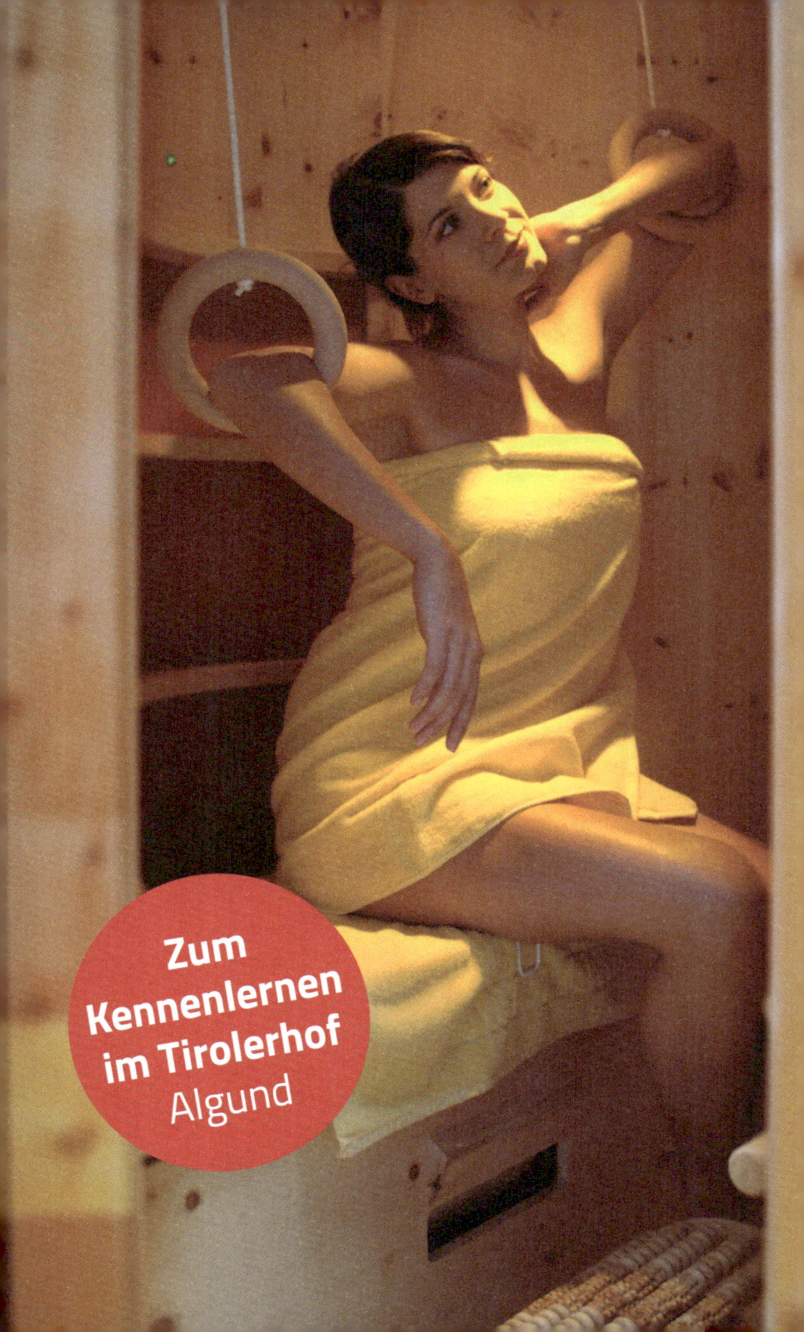
Zum
Kennenlernen
im Tirolerhof
Algund

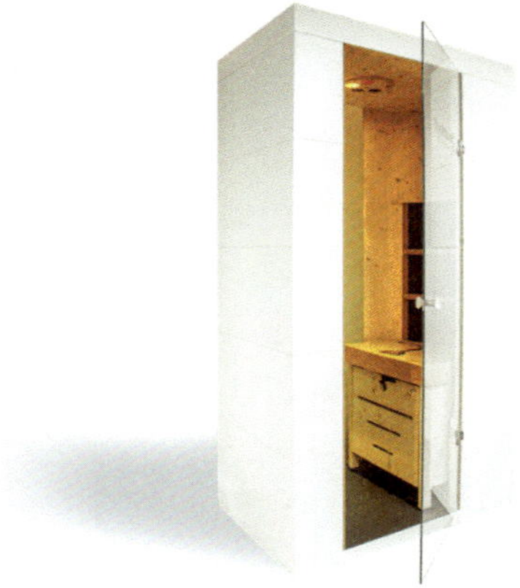

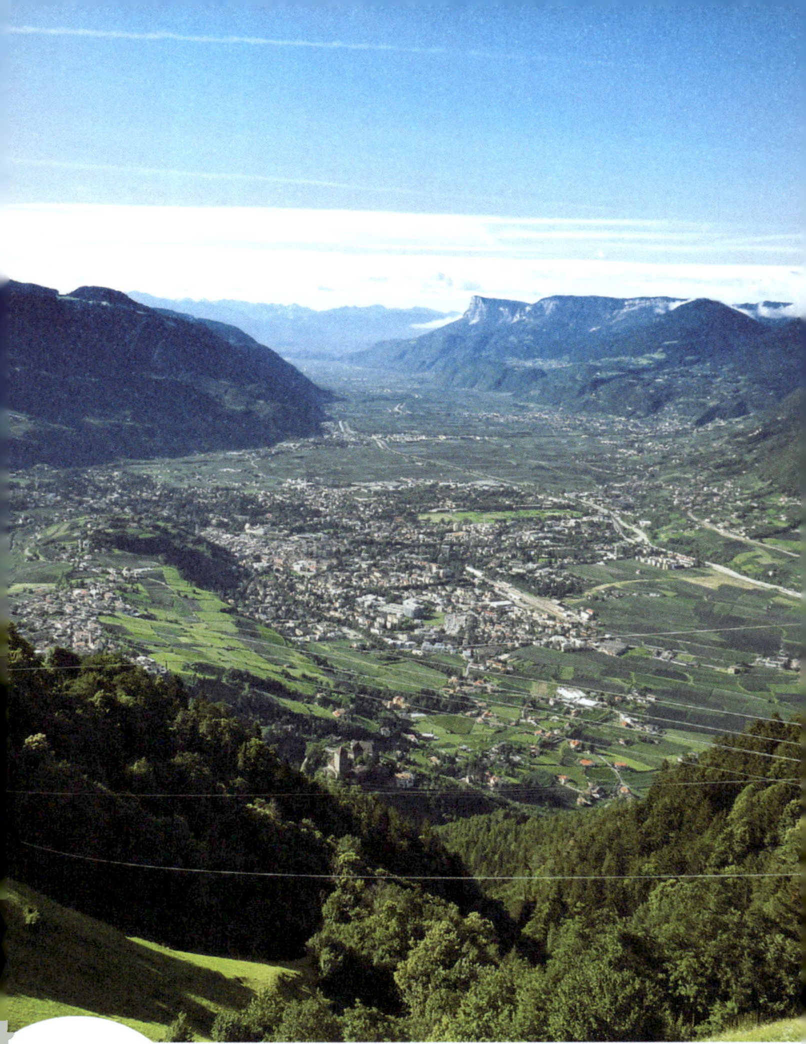

6 Rundwanderung zum Talbauer an der Mut

Gasthof Tiroler Kreuz

6,7 km

2:40 h

512 m

512 m

mittel

mit dem Linienbus über Meran nach Dorf Tirol zum Gasthof Tiroler Kreuz

»Unterwegs zur bekannten Höfegruppe der Muthöfe oberhalb von Dorf Tirol«

Die Rundwanderung führt vorwiegend durch schattigen Wald, bietet sich daher auch für den Hochsommer an. Der Anstieg ist an manchen Stellen beschwerlich, dafür wird man am Ziel aber mit einem prächtigen Panoramablick belohnt. Mit ein bisschen Pathos: Der Talbauer klebt wie ein Adlerhorst an den Steilhängen der Mut und die Welt liegt dem Betrachter tatsächlich zu Füßen: Man genießt die fantastische Aussicht auf die Kurstadt Meran und das ganze Etschtal bis Bozen. Bei klarem Wetter kann man in der Ferne sogar die Dolomiten erkennen. Der Talbauer gehört zu den sogenannten Muthöfen und ist einer der ältesten Bergbauernhöfe in der Meraner Gegend. Er liegt direkt am Meraner Höhenweg und gilt als schöner Ausgangspunkt für Hütten, Seen- und Gipfelwanderung im Naturpark Texelgruppe.

Blick auf die Stadt Meran und das Etschtal

Wegbeschreibung: Vom Gasthof Tiroler Kreuz folgt man der Markierung 6 auf dem Güterweg hinein in das Fineletal. Kurz vor Longfall trifft man auf den Meraner Höhenweg (Mark. 24), dem man nach links aufwärts folgt. Hier beginnt der beschwerlichste Teil der Wanderung: Zahlreiche Stufen führen durch den Wald hinauf. Etwas weiter oben ist Trittsicherheit gefragt. Einige ausgesetzte Stellen sind aber bestens mit Stahlseilen und Ketten abgesichert. Bald danach ist der höchste Punkt erreicht und in sanftem Gefälle führt der Steig hinüber ins Wiesengelände und zum Talbauer. Nach ausgiebiger Rast wandert man ein Stück auf dem Anstiegsweg zurück und biegt auf die Markierung 23B ab. Beim Hof Oberegg hält man sich besser links und wählt den Abstieg auf Markierung 23; dieser ist deutlich weniger steil und knieschonender als über 23B und dessen Fortsetzungen. Zudem führt der Weg Nr. 23 ohne weitere Abzweigungen direkt zurück zum Ausgangspunkt.

TIPP

Nach der Wanderung lohnt sich auf alle Fälle ein Besuch im Schloss Tirol, einst Sitz der Grafen von Tirol und heute Museum für Kultur- und Landesgeschichte und eines der Wahrzeichen Südtirols.

Scan mich!

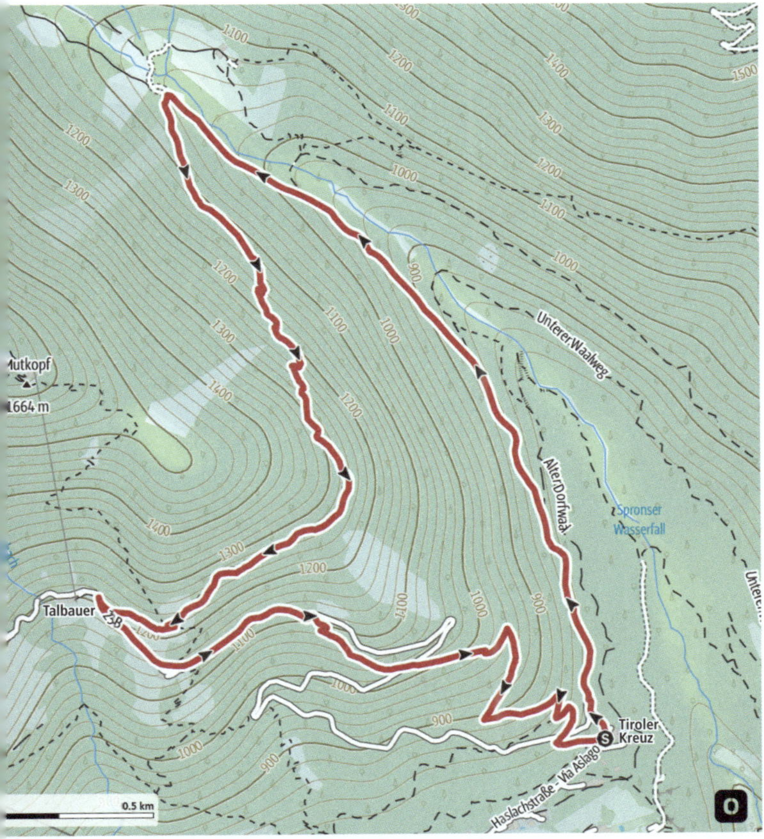

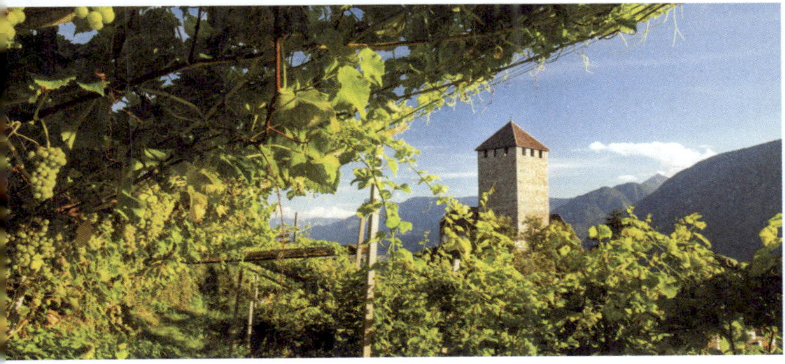

Schloss Tirol bei Meran

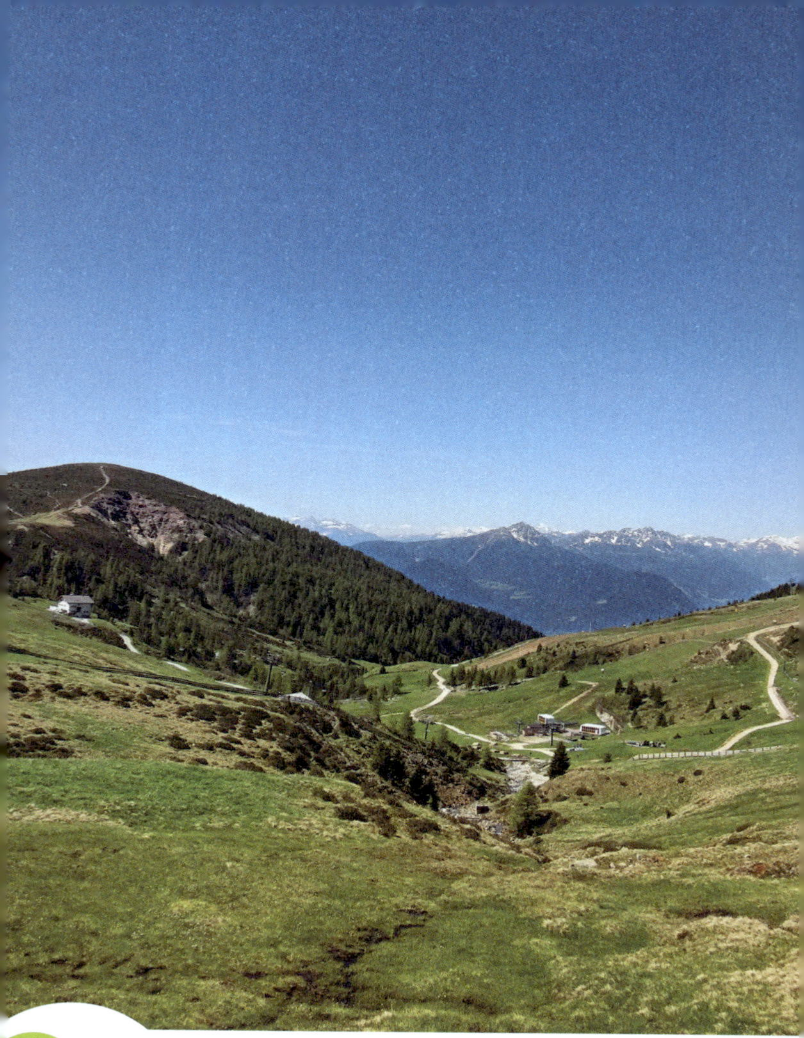

7 Von Meran 2000 auf den Spieler

Bergstation Piffinger Köpfl

10 km

3:15 h

265 m

542 m

leicht

mit PKW oder öffentlichen Verkehrsmitteln von Meran über Hafling nach Falzeben zur Talstation der Umlaufbahn Falzeben, Parkplatz (kostenpflichtig)

»Gemütliche Rundtour von Alm zu Alm mit Gipfelerlebnis«

Eine schöne Wanderung auf einen „Hügel", der jedoch ob seiner freien Lage einen herrlichen Rundumblick bietet. Im Nordwesten dominiert der Ifinger, nach Westen reicht der Blick bis zur Ortlergruppe und im Südosten ragt der Rosengarten auf. Angenehm auch, dass der Weg mit einer Ausnahme nie wirklich steil ist. Und unterwegs laden gleich mehrere Almhütten zur Einkehr: Waidmannalm, Kirchsteigeralm, Meraner Hütte, Maiser Alm und Moschwaldalm.

Wegbeschreibung: Diese Wanderung beginnt an der Bergstation der Gondelumlaufbahn (Piffinger Köpfl) und endet an der Talstation in Falzeben. Von der Bergstation (1900 m) der Beschilderung zur Meraner Hütte, Weg Nr. 3/18 über den Wirtschaftsweg bis zur ersten Weggabelung folgen.

Im Wandergebiet Meran 2000, links der Gipfel des Spieler

In der Kurve zuerst ein paar Meter weiterwandern und dann gleich links abbiegen. Das nun folgende Verbindungsstück mündet in der Naturstraße mit der Markierung 18A, die zur Waidmannalm (1995 m) und dann weiter bis kurz vor der Kirchsteigeralm führt. Dort trifft man auf den Europäischen Fernwanderweg E5. Über diesen zur Meraner Hütte (1937 m), dann weiter ansteigen bis zur nächsten Weggabelung. Wer zur Gipfelkuppe des Spielers (2076 m) – ein kurzer, lohnenswerter Abstecher – aufsteigen möchte, sollte den E5 hier direkt an der Weggabelung verlassen und rechter Hand über einen schmalen, nicht markierten Steig zur gut sichtbaren Kuppe des Spielers wandern. Auf der anderen Seite führt der Steig wieder hinunter und man trifft neuerlich auf den E5. Weiter bis zum Kreuzjöchl (1981 m), um von dort zur Maiser Alm (1791 m) und dann zur Moschwaldalm (1747 m) abzusteigen. Hier über den Weg Nr. 15, der bald schon in den Weg Nr. 51 mündet, zur Talstation in Falzeben.

TIPP

Für alle, die den Sonnenaufgang in Südtirols Bergen genießen möchten, ist der Spieler im Wandergebiet Meran 2000 ein ideales Ziel für ein besonderes, atemberaubendes Naturerlebnis.

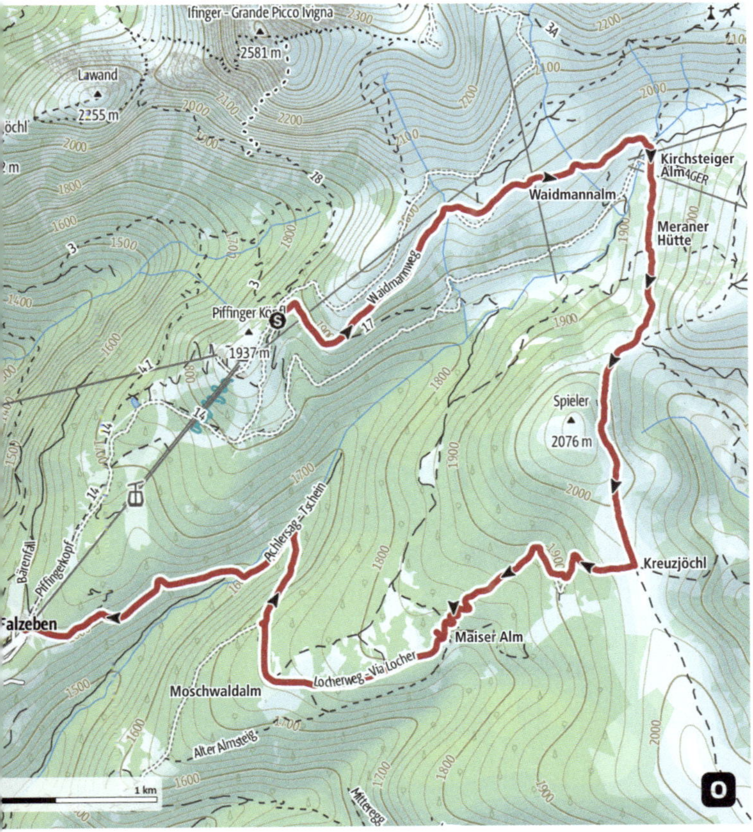

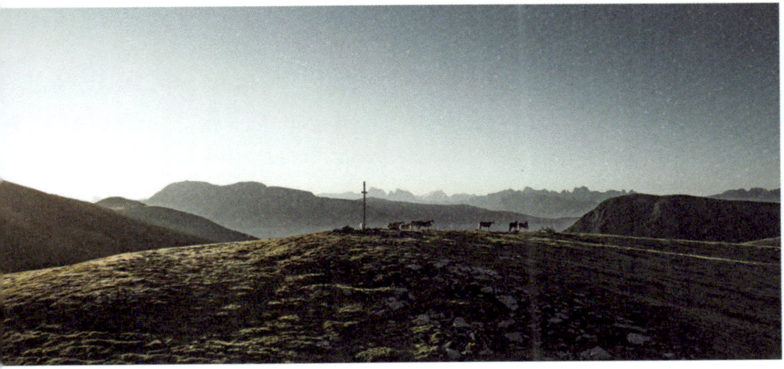

Panoramastimmung auf dem Gipfel des Spieler

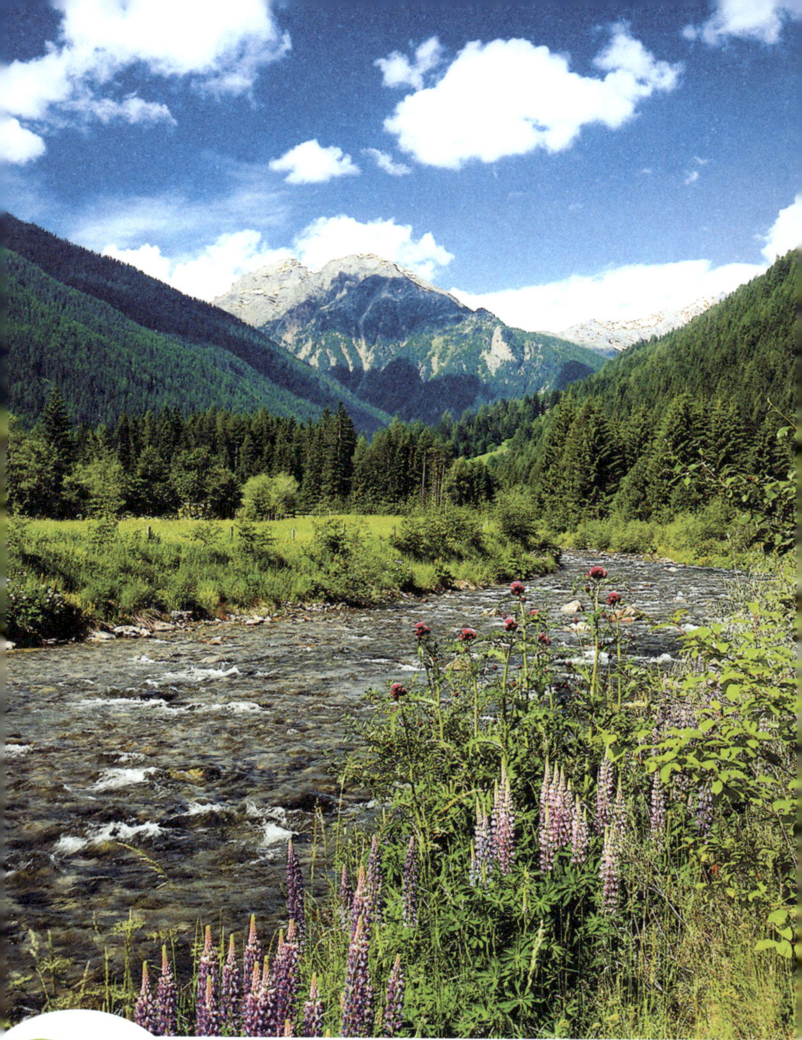

8 Der Ultner Höfeweg von Kuppelwies bis St. Nikolau

Kuppelwies, Talstation der Umlaufbahn Schwemmalm, Parkplatz

8 km

2:20 h

128 m

128 m

leicht

ins Ultental bis Kuppelwies zur Talstation der Umlaufbahn Schwemmalm

»Eine landschaftlich wunderschöne Wanderung in einem der urtümlichsten Täler Südtirols«

Diese gemütliche Rundwanderung verläuft nahezu eben an der Talsohle von Kuppelwies bis St. Nikolaus, am Sonnenhang taleinwärts und entlang der Schattenseite wieder talauswärts. Der Höfeweg auf der Sonnenseite des Tales führt an urigen Bergbauernhöfen, liebevoll gedeckten Schindeldächern, bewundernswerten traditionellen Ultner Holzzäunen sowie saftig grünen Wiesen vorbei und begeistert mit tollen Fernblicken auf die umliegende Berglandschaft. Das Talmuseum in St. Nikolaus vermittelt den Besuchern einen Einblick in das Kunsthandwerk und das frühere bäuerliche Leben des Ultentales.

Die Falschauer mit Blick auf den Nagelstein

Wegbeschreibung: Gestartet wird bei dieser Wanderung an der Talstation der Schwemmalmbahn in Kuppelwies, wo man bis zu den Wegweisern „Ultner Höfeweg" geht und dann rechts abbiegt. Von da an stets der Beschilderung „Ultner Höfeweg" folgend auf schmaler Straße durch Wiesen kurz hinan zu den ersten Höfen, dann weitgehend eben durch Wiesen und an Höfen vorbei taleinwärts bis nach St. Nikolaus. Im Dorfzentrum unterhalb der Kirche geht man am Gasthaus Messner vorbei und steigt hinab zur Hauptstraße. Man überquert diese und folgt dann auf der Schattenseite dem Höfeweg talauswärts, teilweise durch Wiesen und an Höfen vorbei hinaus bis in die Nähe des Zogglersees und von dort zurück zum Ausgangspunkt in Kuppelwies.

TIPP

Man kann diese Wanderung auf der Sonnenseite des Tales auch bis St. Gertraud zum Nationalparkhaus Lahnersäge fortsetzen und dann mit dem Bus zum Ausgangspunkt in Kuppelwies zurückkehren.
Die Lahnersäge beheimatet ein Besucherzentrum des Nationalpark Stilfserjoch und erzählt Wissenswertes über das 130.734 Hektar große Naturschutzgebiet im Herzen der Zentralalpen.

Scan mich!

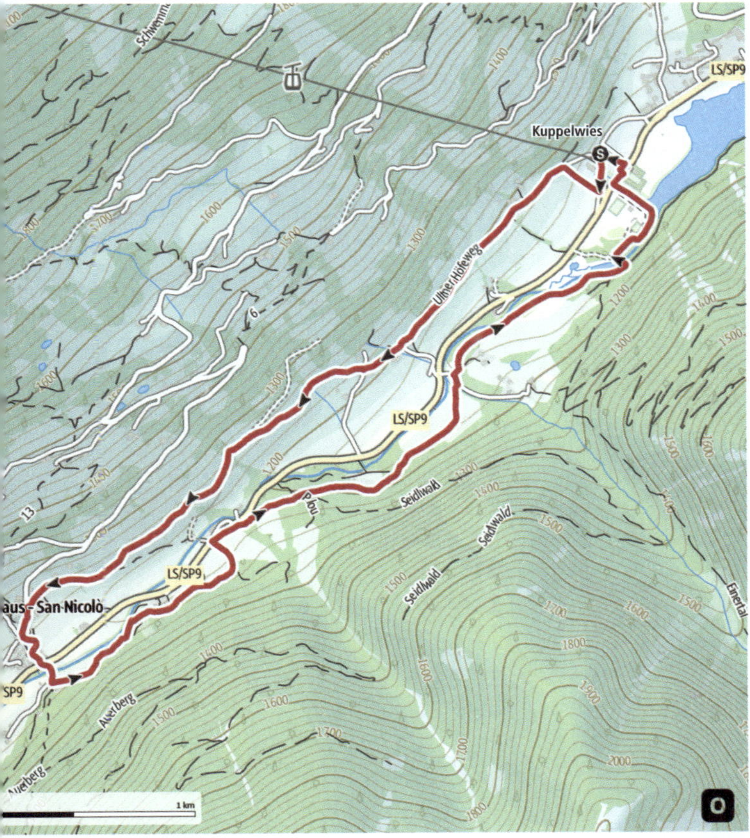

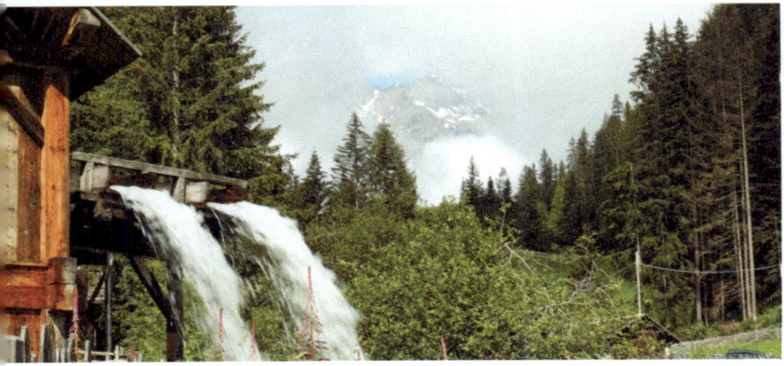

Die Lahnersäge in St. Gertraud in Ulten

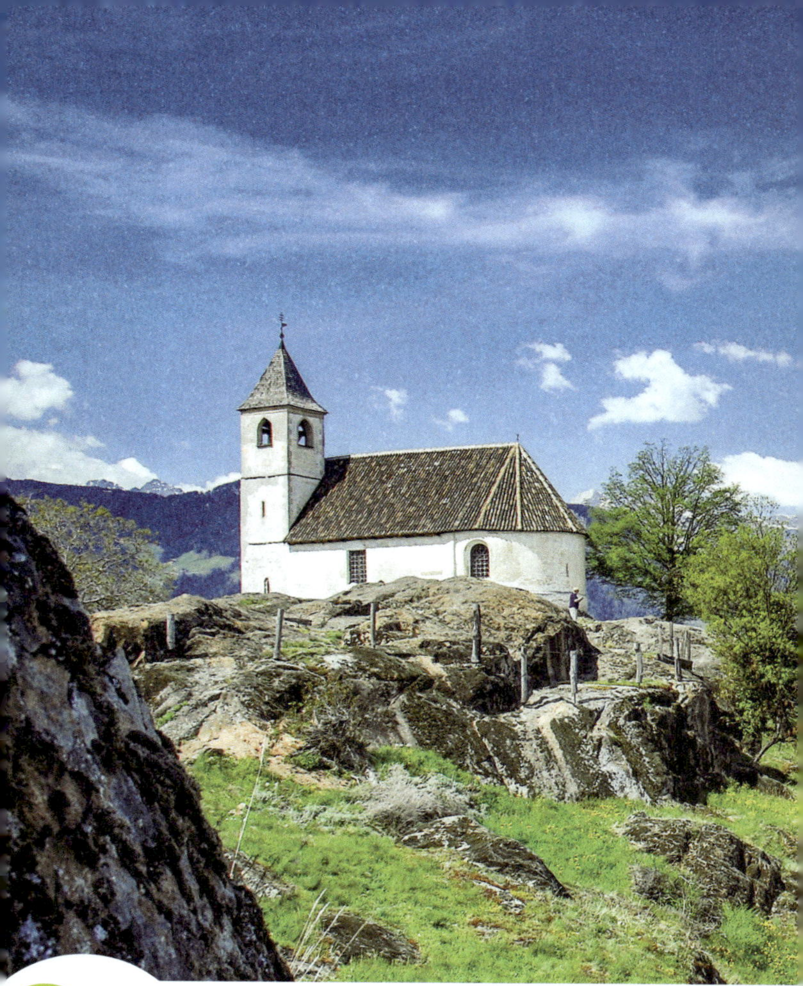

9 Von Tisens nach St. Hippolyt

Leichte Rundwanderung zum Höhenkirchlein St. Hippolyt bei Tisens

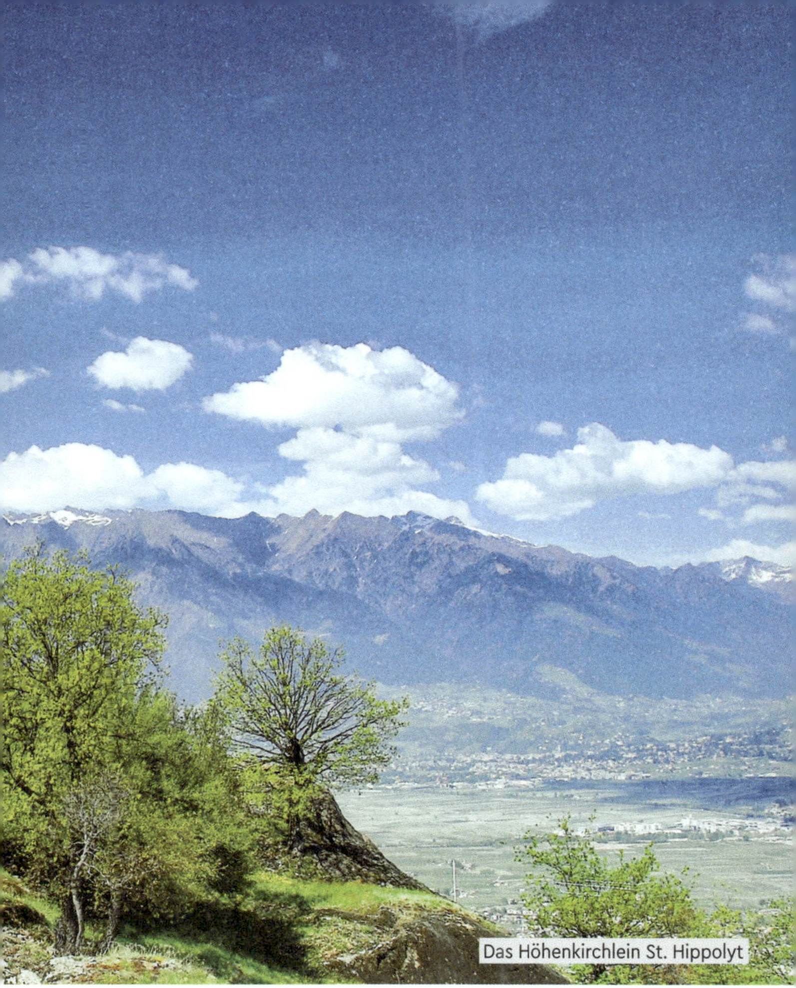

Das Höhenkirchlein St. Hippolyt

Parkplatz nach dem Tunnel an der Straße zum Gampenpass

4,7 km

1:30 h

240 m

240 m

leicht

von Lana Richtung Gampenpass bis kurz nach dem Tunnel an der Staatsstraße

Die Königsloge des Burggrafenamtes ... so wird die Felskuppe genannt, auf der sich das Kirchlein befindet. Zu Recht, denn das Etschtal liegt dem Betrachter zu Füßen, weit schweift der Blick über den Tschögglberg bis zu Ifinger, Hirzer und Jaufenkamm und gegen Westen hin reihen sich die Gipfel der Texelgruppe aneinander. Das Kirchlein stammt aus dem 14. Jahrhundert, der Hügel ist aber mit Sicherheit ein frühgeschichtlicher Siedlungs- und Kultplatz.

Wegbeschreibung: Kurz nach dem Tunnel an der Staatsstraße von Lana zum Gampenpass befindet sich der kleine Parkplatz; eine Haltestelle der Busverbindungen von Lana nach Tisens bzw. zum Gampenpass befindet sich nur rund 150 Meter weiter bergwärts. Vom Parkplatz wandert man auf der Markierung 5 über gestuftes Gelände durch schütteren Buschwald hinauf zum Höhenkirchlein St. Hippolyt. Kurz zurück auf den Wanderweg und nun abwärts in die Senke, in welcher der hübsche Narauner Weiher liegt (kurzer, lohnender Abstecher). Aus der Senke steigt man in sanfter Steigung auf Markierung 7 auf, bis bei einer Hütte nach dem Hof Obermoar die Markierung 8B nach links abzweigt. Durch Wiesen gelangt zum Wanderweg mit der Markierung 4, diesem folgt man nach links und erreicht schon bald den Hofschank Hofstätter. Vom Hof gelangt man in gut zehn Minuten auf die Staatsstraße, der man abwärts zur Bushaltestelle oder zum Parkplatz folgt.

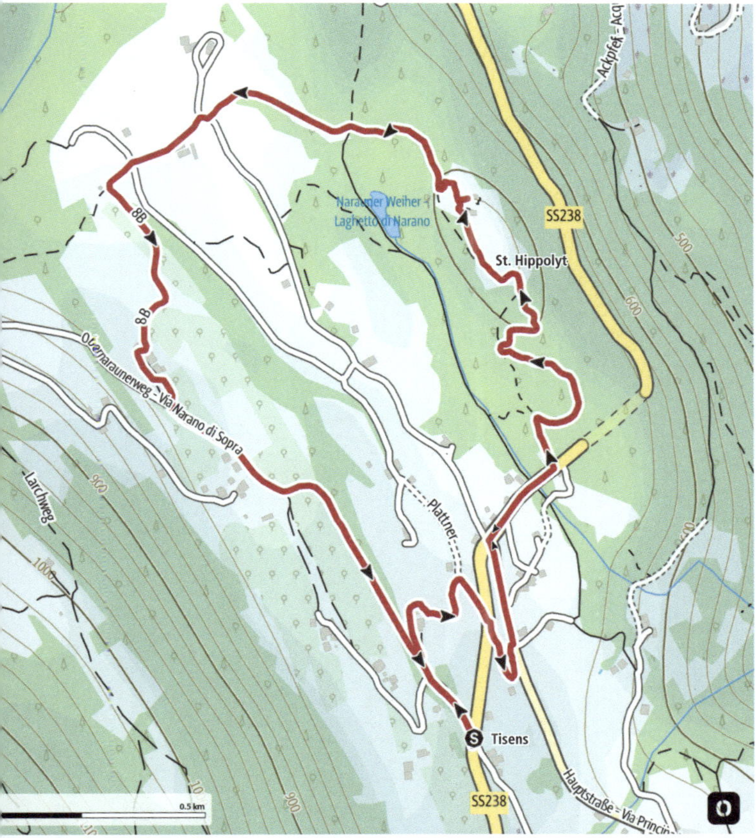

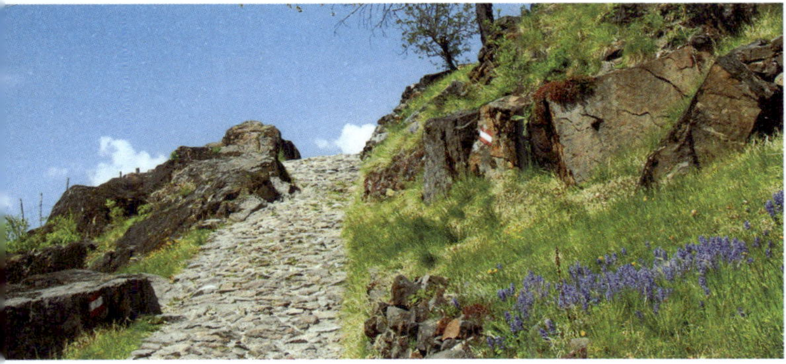

Aufstieg zum Kirchlein St. Hippolyt

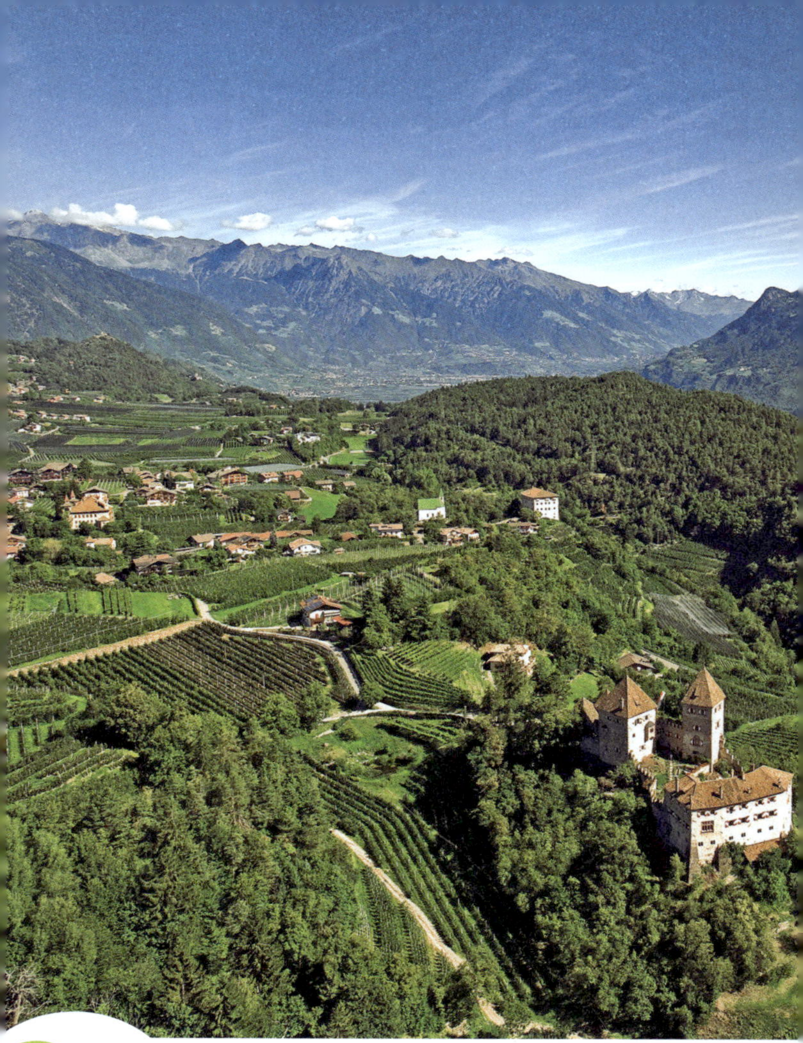

10 Burgenwanderung bei Prissian

Prissian, Parkplatz/Bushaltestelle

9,3 km

3 h

416 m

416 m

leicht

mit Pkw oder öffentlichem Bus von Lana über Tisens nach Prissian

»Auf den Spuren des Mittelalters: Burgen und Schlösser auf dem Sonnenplateau von Tisens«

Zahlreiche Burgen, Schlösser, Ansitze, aber auch Ruinen, deren Baugeschichte durchwegs auf das Mittelalter zurückreicht, zeugen davon, dass das Gebiet um Tisens und Prissian mit seinen klimatischen Vorzügen und landschaftlichen Reizen seit jeher ein bevorzugtes Wohngebiet war. Entlang oder in unmittelbarer Nähe dieses Rundwanderweges finden sich die Burgen bzw. Schlösser Fahlburg, Zwingenburg, Holz (Ruine), Wehrburg und Katzenzungen. Sie wurden alle zwischen dem 12. und 13. Jahrhundert erbaut und sind heute in privatem Besitz.
Eine Besonderheit zu Schloss Katzenzungen: Vor dem eher unansehnlichen Bau findet sich der größte und mit 350 Jahren wahrscheinlich älteste Rebstock Europas. Er

Blick auf Prissian mit seinen zahlreichen Burgen und Schlössern

überspannt eine Fläche von über 300 Quadratmetern und produziert bis zu 700 Kilogramm „Versoaln"-Trauben. Der seltene „Versoaln"-Wein ist ein grün-gelblich getönter und fruchtiger Weißwein.

Wegbeschreibung: Von Prissian folgt man dem Weg mit der Markierung 13A bergauf, man geht vorbei an der Zwingenburg (auch: Zwingenberg), überquert den Prissianer Bach und setzt an der nächsten Wegverzweigung auf Markierung 15 nach rechts fort. Es folgt ein steiler Aufstieg zur Kreuzung mit der Markierung 7, die nach links führt. Bei der nächsten Kreuzung hält man sich links auf Markierung 7A und gelangt zur Fraktion St. Jakob. Von dort wandert man auf Markierung 8 hinunter, biegt am Waldrand nach rechts auf Markierung 12A ab und gelangt zur Wehrburg. Hier folgt man den Schildern, um zurück ins Dorf zu kommen.

TIPP

Nach der Besichtigung des St.-Jakobs-Kirchlein besteht die Möglichkeit, auf Markierung 8 bis Apollonia zu wandern (ab St. Jakob ca. 1 Std.) und dort zum Höhenkirchlein St. Apollonia aufzusteigen.

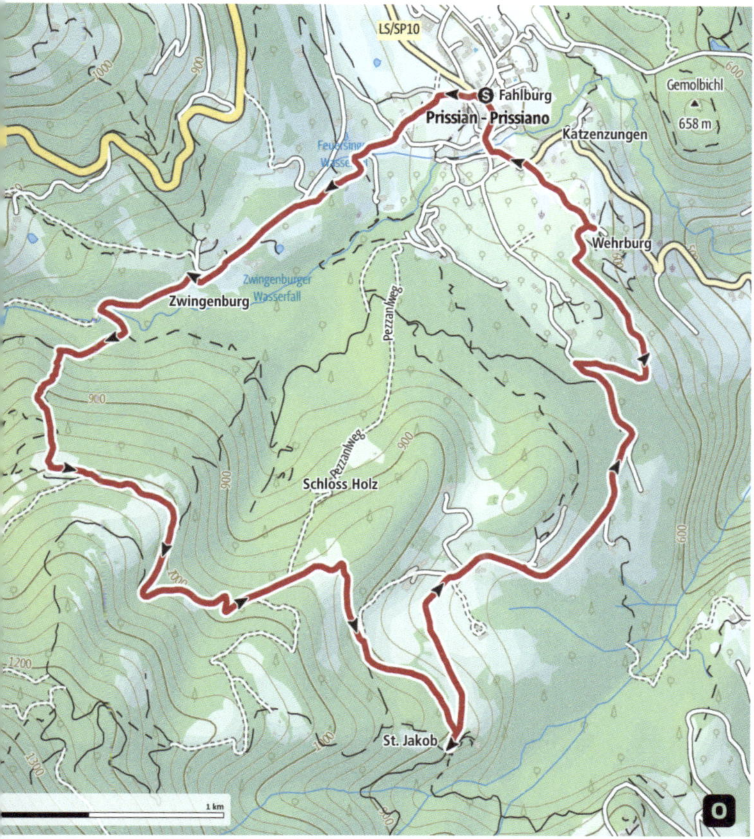

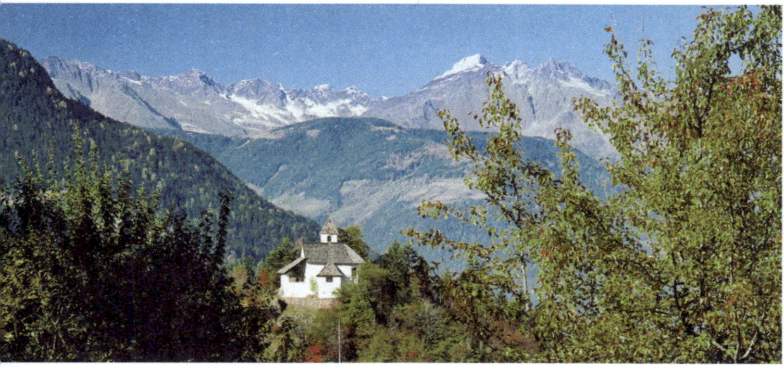

Das Kirchlein St. Apollonia

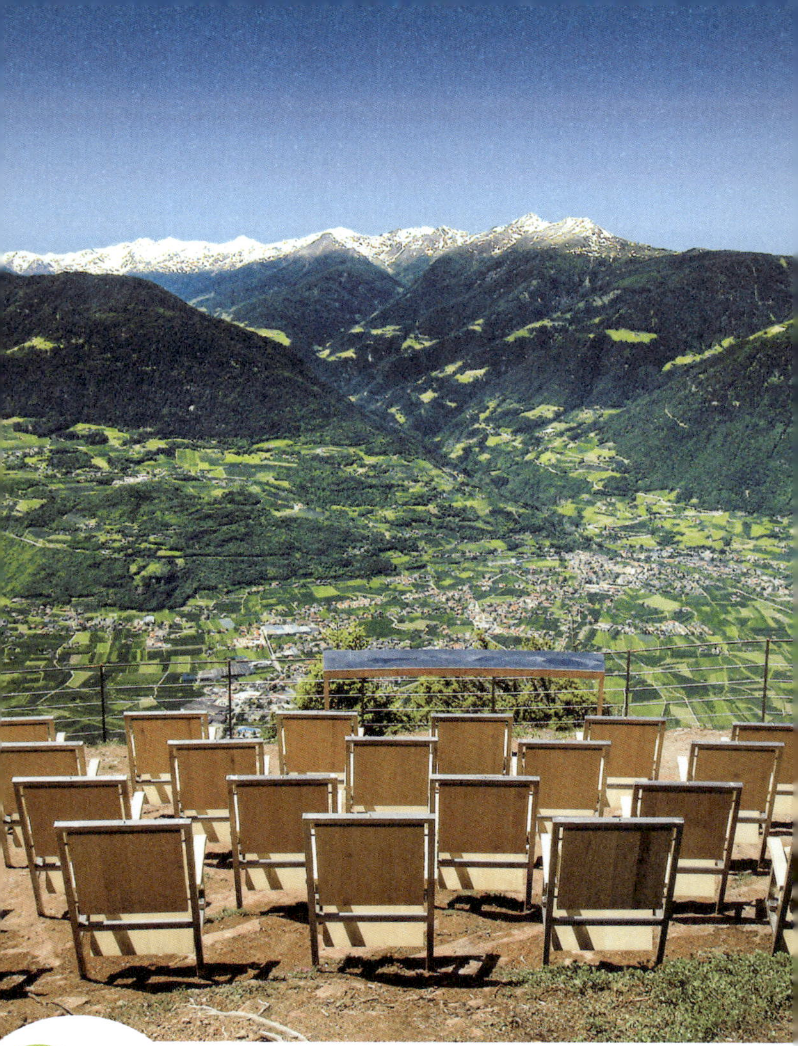

11 Rundwanderung von Vöran zum Knottnkino

Bergstation der Seilbahn Vöran

10,3 km

3:15 h

327 m

327 m

leicht

über die MEBO bis zur Ausfahrt Lana Süd, anschließend bis Burgstall zur Talstation der Seilbahn Vöran, Parkplatz

„Aussichtsreich und bildgewaltig präsentiert sich das Knottnkino, Südtirols Freilichtkino der etwas anderen Art"

Das Wort „Knottn" bezeichnet im Südtiroler Dialekt einen Felsblock, Felsbrocken oder felsigen Hügel. Vor Millionen von Jahren, als der Tschögglberg von Lava und Aschenregen geformt wurde, entstanden diese weinroten, runden Kuppen. Diese Felsformationen sind in Südtirol einmalig, in Vöran kann man drei davon finden: den Rotsteinkogel, den Beimsteinkogel und den Untersteinkogel.
Das „Knottnkino" am Rotsteinkogel, ein Werk des Südtiroler Künstlers Franz Messner, ist eine Open-Air-Kino-Plattform, doch gibt es keinen Film, sondern ein spektakuläres Bergpanorama zu sehen. Der Aussichtspunkt mit 30 Kinosesseln aus Stahl und Kastanienholz lädt den Wanderer ein, Platz zu nehmen, zu reflektieren und ein einmaliges Naturkino zu

Das Knottnkino am Rotsteinkogel

erleben. Man überblickt das gesamte Etschtal und genießt die atemberaubende Aussicht auf die umliegende alpine Bergwelt, von der Texelgruppe bis zum Penegal und weiter bis zum Weißhorn.

Wegbeschreibung: Die Rundwanderung beginnt in Vöran an der Bergstation der Seilbahn. Dort folgt man dem Weg Nr. 1 und Nr. 12 in Richtung Hafling. Beim Eggerhof rechts ab zum Rotsteinkogel, hier thront einerseits das bekannte Knottnkino mit Aussicht auf das gesamte Etschtal sowie der neue Rastplatz mit Blick nach Vöran. Wieder retour zum Weberhof und weiter über den Schützenbrünnlweg. Kurz vor dem Festplatz rechts abzweigen zum neuen Kino „Attimo" beim Beimsteinkogel. Den Weg Nr. 14 retour Richtung Gasthof Grüner Baum und mit der Markierung 16 und 1 zurück ins Dorf von Vöran folgen und weiter zur Bergstation der Seilbahn Vöran.

TIPP

Eine Fahrt mit der Seilbahn Burgstall-Vöran, noch dazu bei strahlendem Sonnenschein, ist ein wahres Erlebnis. Über das gesamte Burggrafenamt und von den hohen Gipfeln über Meran bis hin zum Schlern und dem stolzen Massiv des Rosengartens reicht die Panoramakulisse.

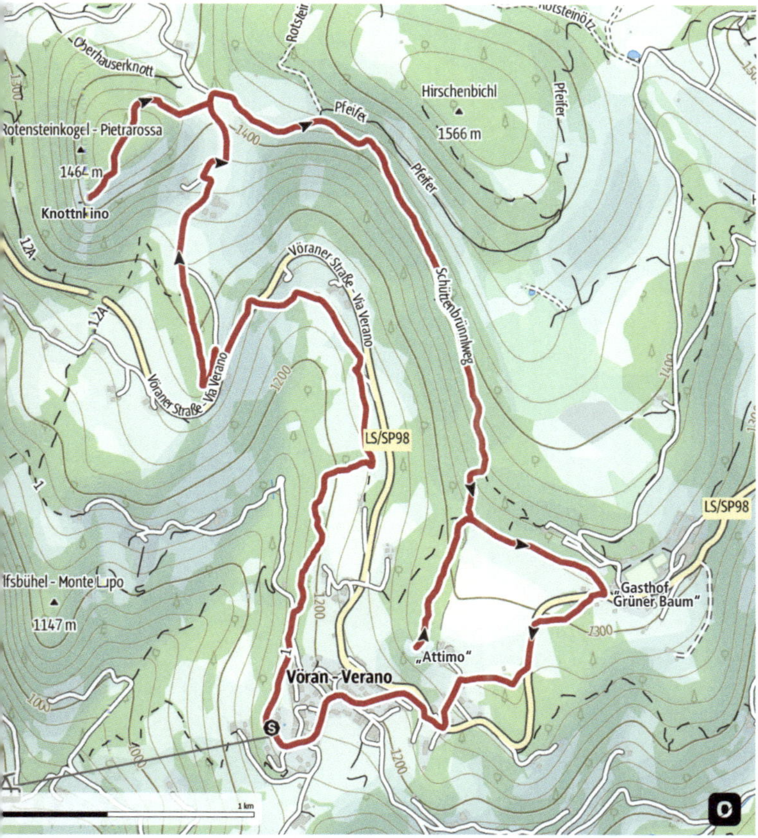

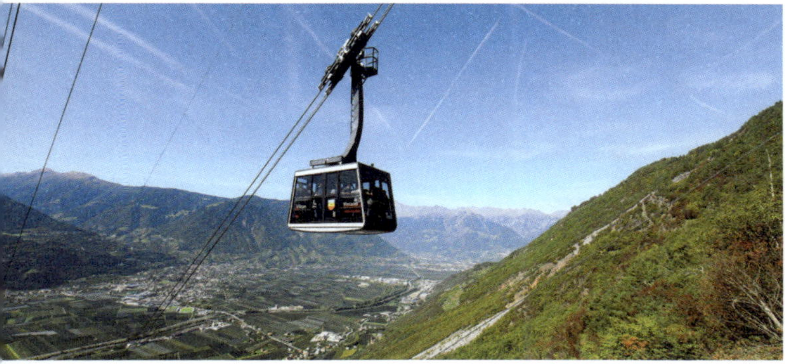

Die Seilbahn Burgstall-Vöran

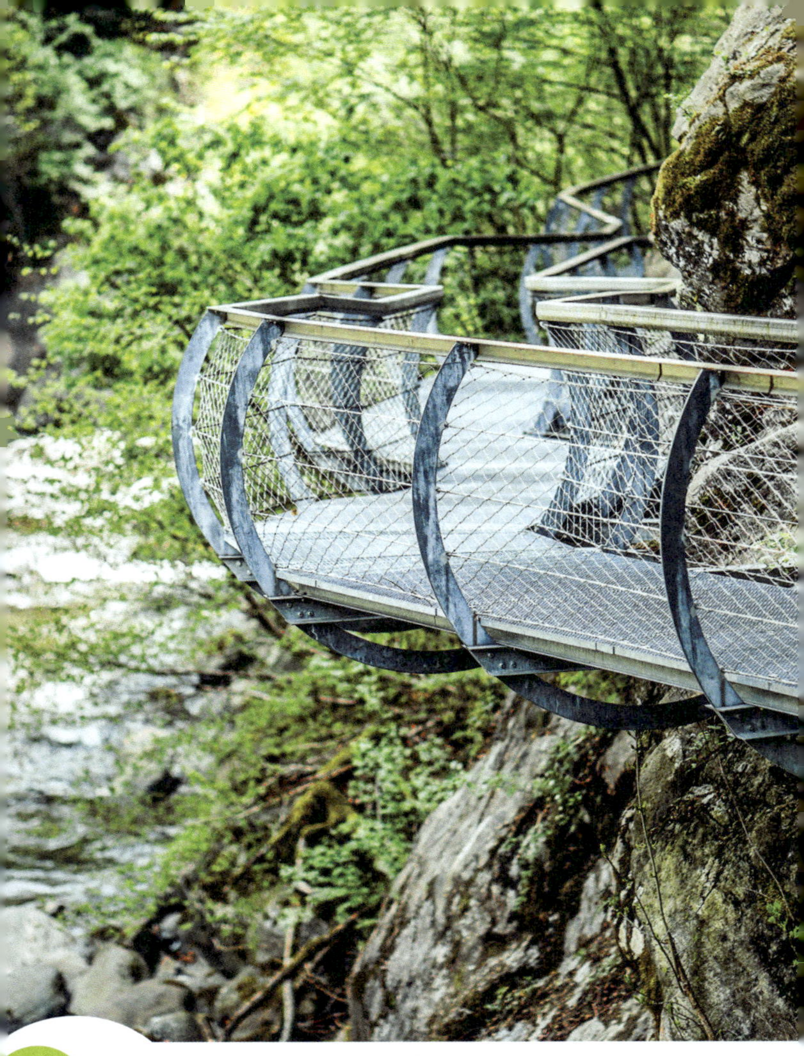

12 Durch die Passerschlucht

St. Leonhard, Sportplatz (Parkplatz)

8 km

2:50 h

485 m

140 m

mittel

am besten mit dem Linienbus von Meran nach St. Leonhard, möglich ist aber auch die Zufahrt mit dem PKW

»Ein abenteuerlicher Wanderweg durch die wildromantische Passerschlucht im Passeiertal«

Eis und Wasser haben das Passeiertal geprägt. Besonders zwischen St. Leonhard (Gomion) und Moos ist eine mächtige Schlucht entstanden. Entsprechend tief fallen zum Teil Nebenbäche in die Passer. Am imposantesten sind die Wasserfälle von Stuls: Insgesamt 342 Meter beträgt die Fallhöhe. Im Schluchtenweg hat man „Unmögliches" möglich gemacht! Zum Teil führt der Steig direkt an der Passer entlang, zum Teil geht's in luftigen Höhen auf Brücken und Gitterrosten quer durch die Felswände. Der 6,5 Kilometer lange Wanderweg, der 2015 nach drei Jahren Bauzeit eröffnet wurde, führt über Metallbrücken und Stegen von St. Leonhard in Passeier bis nach Moos.

Die Passerschlucht verläuft abwechslungsreich vorbei an Nebenbächen und Wasserfällen der Passer

Wegbeschreibung: Von der Bushaltestelle durchquert man am einfachsten das Dorf und steigt an der Brücke über die Passer links ab zum Sportplatz. Mit dem PKW bleibt man auf der Umfahrungsstraße und biegt am Kreisverkehr links ab zum Parkplatz am Sportplatz.
Zunächst auf der orografisch linken Seite geht's taleinwärts, eine Brücke führt auf das andere Ufer und man gelangt zum alten Gomioner Kraftwerk. Ab dort wird es „wild"! Der einzige nennenswerte Anstieg führt in Serpentinen etwa 100 Höhenmeter zu einer Aussichtsplattform gegenüber den Stuller Wasserfällen. Über Steig und Gitterroste geht es weiter durch die Schlucht bis zur Sperre von Moos. An der Gabelung nach rechts gelangt man direkt ins Dorf. Hält man sich links, geht's zum beeindruckenden Stieber Wasserfall und dann weiter nach Moos. Rückfahrt nach St. Leonhard mit dem Bus.

Das Bunker Mooseum, eine Infostelle des Naturparks Texelguppe

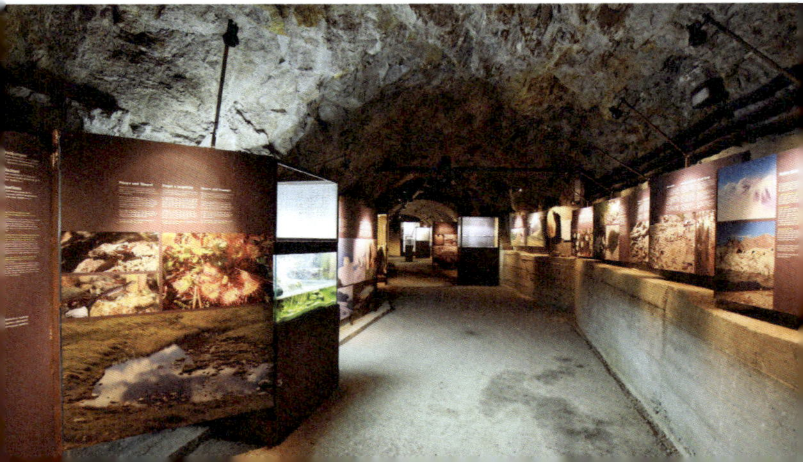

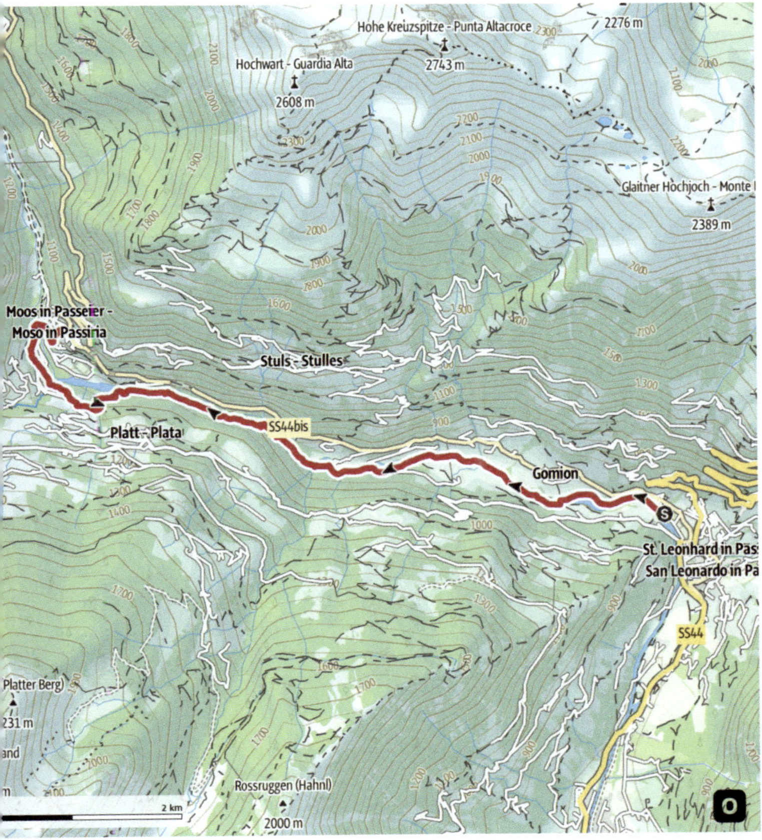

TIPP

Mit dieser Wanderung kann man den Besuch des Bunker Mooseums verbinden. Es bietet eine ganze Reihe unvergesslicher Eindrücke und Erlebnisse, spannende Geschichte und Wissenschaft sowie Natur und Landschaft.

Scan mich!

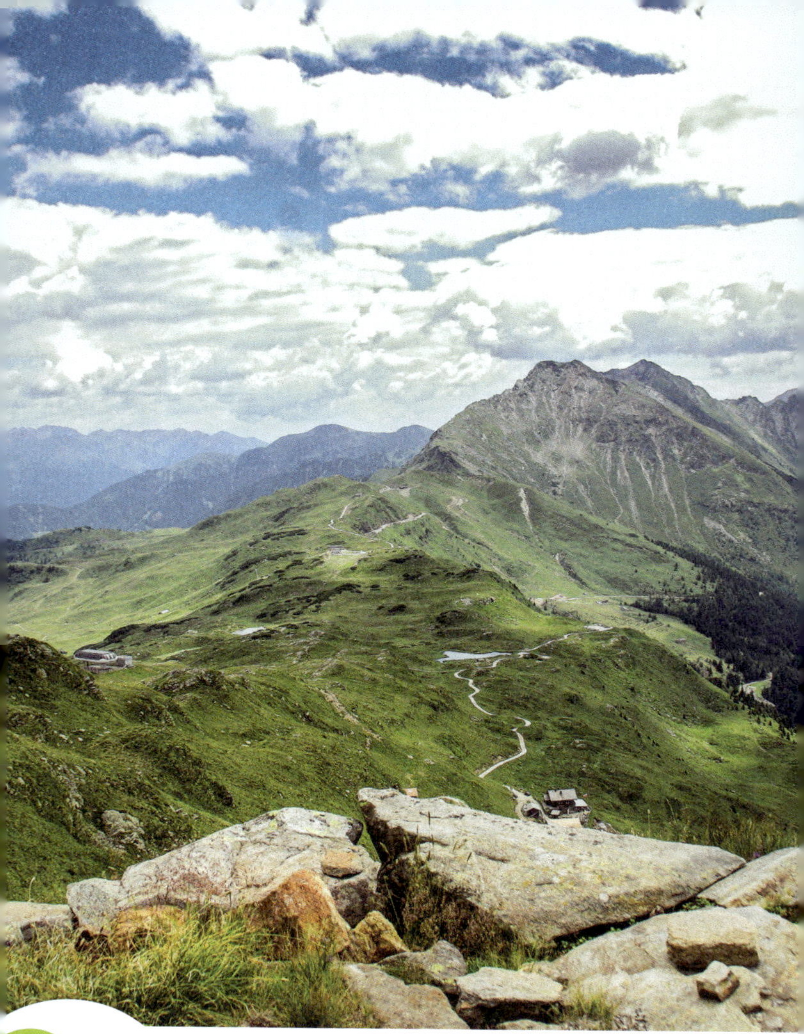

13 Tour auf den Fleckner und Saxner

Parkplatz an der Römerkehre

7,4 km

2:45 h

410 m

410 m

leicht

von Meran nach St. Leonhard bzw. von Sterzing über den Jaufen zur Römerkehre

Eine schöne und aussichtsreiche Rundwanderung am Jaufenkamm

Diese Rundwanderung führt gleich auf zwei aussichtsreiche Gipfel: auf den Fleckner und den Saxner. Dabei genießt man auf dem Hinweg den Blick auf das obere Eisacktal, die Stubaier sowie die Ötztaler Alpen und auf dem Rückweg das malerische Passeiertal bis hinaus nach Meran, die Texelgruppe und die Bergwelt des Vinschgaus. Der Urweg am Jaufenkamm ist bereits in prähistorischer Zeit begangen worden, als die Menschen die tief eingeschnittenen und zerklüfteten Flusstäler mieden und oberhalb der Baumgrenze große Entfernungen zurücklegten. Bei der Flecknerhütte, die sich auf 2100 m südseitlich des Jaufenkammes befindet, gibt es entsprechende archäologische Funde.

Blick vom Fleckner nach Nordosten zur Jaufenspitze

Wegbeschreibung: Ausgangspunkt ist der Parkplatz oberhalb der Römerkehre, die knapp unterhalb des Jaufenpasses liegt. Von dort wandert man auf einem breiten Wanderweg fast eben hinüber zur Flecknerhütte und hält sich dort rechts auf Markierung 12B, die auf den Kamm hinaufführt. Mäßig steil steigt man auf zum Gipfel des Fleckner (2338 m) und setzt dort fort bis zum Saxner (2358 m). Nach einem kurzen Abstieg ist das Glaitner Joch und der Urweg Jaufenkamm erreicht, wo man sich noch eventuell für die Fortsetzung bis zum höchsten Punkt, dem Glaitner Hochjoch mit Gipfelkreuz und herrlichem Ausblick, entscheiden kann (ca. 1 Stunde). Der Rückweg zum Ausgangspunkt erfolgt auf der Südseite des Jaufenkammes. Diese kurze sonnenreiche Wanderung ist mit knapp drei Stunden besonders für Langschläfer und Familien gut geeignet.

TIPP

Auf dem Rückweg kann man sich noch selbst sein Abendessen angeln! Der Fischerteich beim Sandwirt nach St. Leonhard im Passeiertal steht allen Interessierten offen. Mit einer Eintrittskarte dürfen 4 Fische gefangen werden, dafür brauchen Besucher weder eine Fischerlizenz, noch besondere Vorkenntnisse. Nach einer kurzen Einweisung bekommt man eine Angelrute und Köder und los geht's! Direkt beim Fischteich gibt es ferner einen tollen Kinderspielplatz und einige Picknick-Tische.

Scan mich!

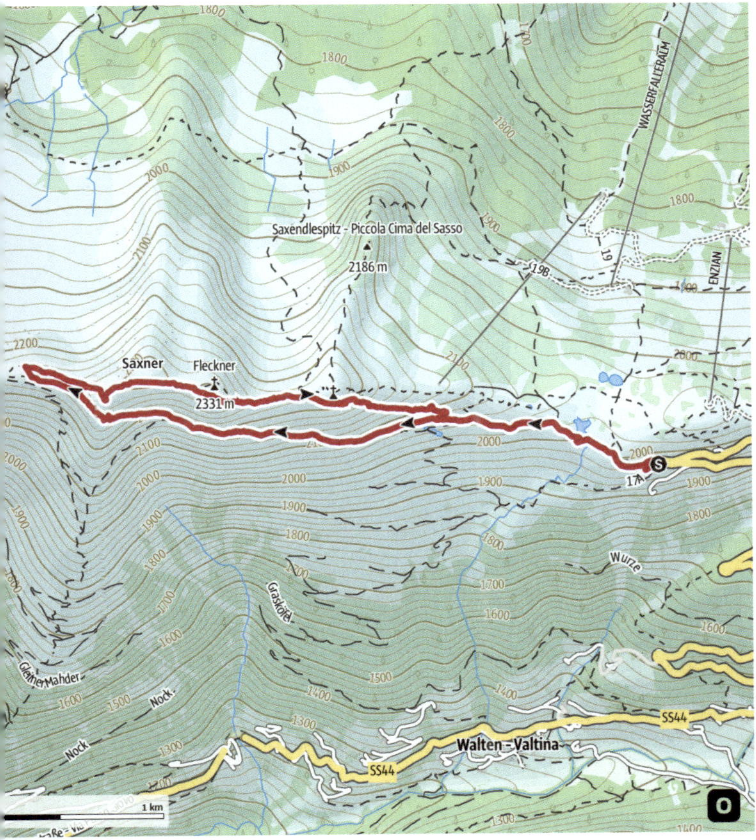

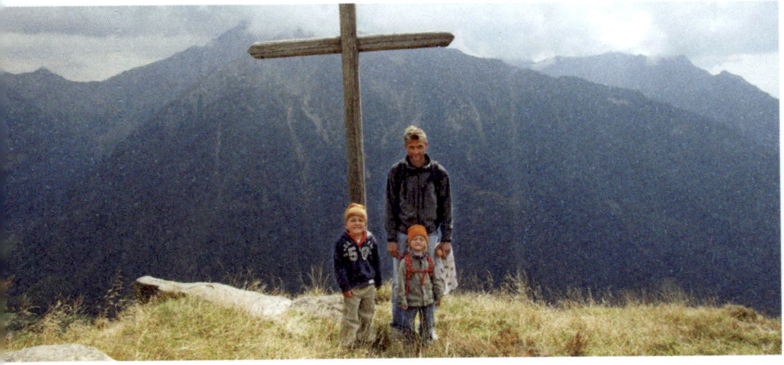

Der aussichtsreiche Gipfel des Fleckner

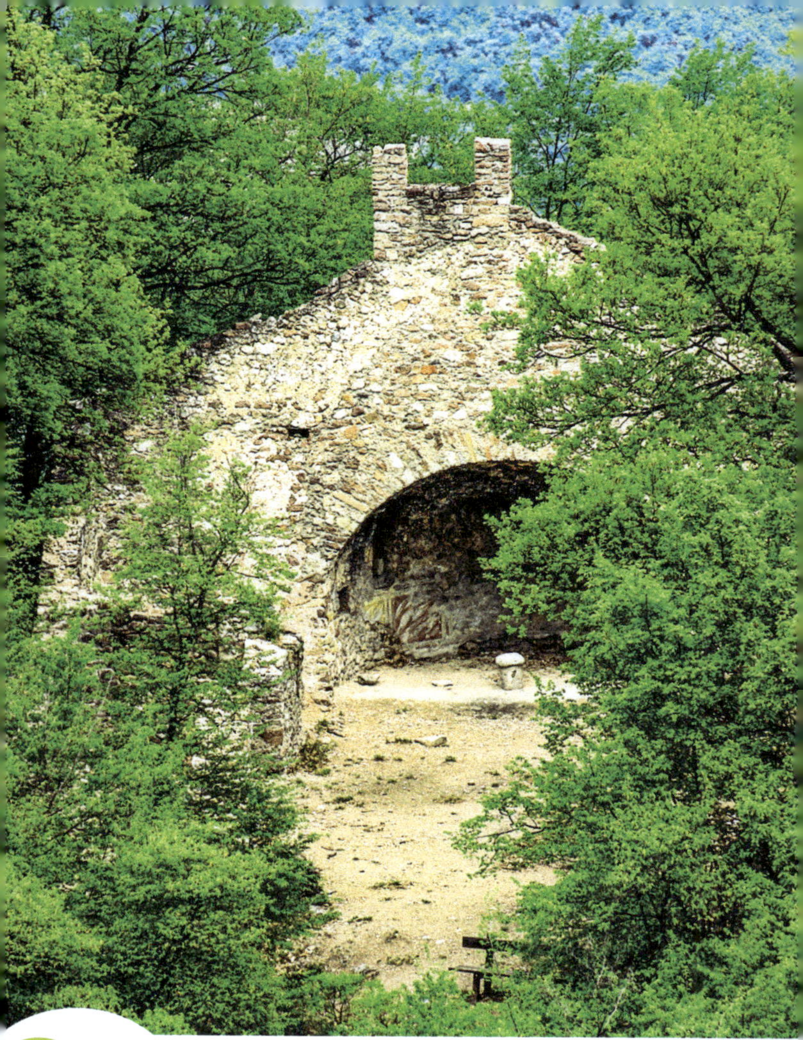

14 Der Friedensweg nach Altenburg

S Kaltern, Parkplatz/Bushaltestelle kurz vor den Sportanlagen

Länge	9 km	Schwierigkeit	leicht
Dauer	3:15 h	Weg	von Kaltern den Verkehrsschildern zu den Sportanlagen im südwestlichen Ortsteil folgen
Aufstieg	490 m		
Abstieg	490 m		

»Auf dem Friedensweg und über den Klammsteig zu einem prähistorischen Kultplatz«

Zwischen Kaltern und Tramin liegt etwas versteckt der Weiler Altenburg; diesem vorgelagert eine prähistorische Siedlungskuppe mit Felszeichen und der Ruine der frühchristlichen Kirche St. Peter. In den Felsen rundum sind Schalensteine mit ihren geheimnisvollen Vertiefungen zu entdecken sowie eine Felsengrube, möglicherweise eine archaische Grabstätte. Der mythische Platz kann über einen gesicherten Steig durch die Rastenbachklamm erstiegen werden. Spektakulär auch die Aussichtsplattform, die man wenige Minuten nach St. Peter erreicht: Kalterer See, Überetsch und Unterland liegen einem buchstäblich zu Füßen und gegenüber erheben sich die ersten Gipfel der Dolomiten! Diese Wanderung, die durch herrlichen Mischwald aus Fichten, Föhren und Buchen

Die Ruine der Basilika von Altenburg, das vermutlich älteste Gotteshaus von Tirol führt, kann von Frühjahr bis Spätherbst begangen werden: im Frühling die unendliche Vielfalt der Grüntöne im artenreichen Mischwald, im Sommer die Kühle im Schatten, im Herbst das fast unglaubliche Farbenspiel der welkenden Blätter.

Wegbeschreibung: Vom Parkplatz bei den Sportanlagen am Fuß des Mendelberges führt der Wanderweg Nr. 10A an den Sportplätzen und -anlagen vorbei westwärts bergab und mündet in den Friedensweg. Man folgt diesem in sanftem Auf und Ab in Richtung Süden. Auch die bekannte Rastenbach-klamm wird begangen, bevor man die Ruine von St. Peter erreicht. Auf Markierung 2 weiter zu einem prächtigen Aussichtspunkt und zur Kirche von Altenburg. Hier nun dem Weg bis Ziegelstadel folgen und auf dem Kalterer Höhenweg (Mark. 9) recht flach wieder durch Mischwald zurück zum Ausgangspunkt.

TIPP

Verschiedene Besinnungspunkte am Friedensweg laden zum Innehalten ein. Fünf Themen, nämlich Maß, Klugheit, Gerechtigkeit, Glaube und Hoffnung wurden von Künstlern gestaltet und behutsam in die Umgebung eingepasst.

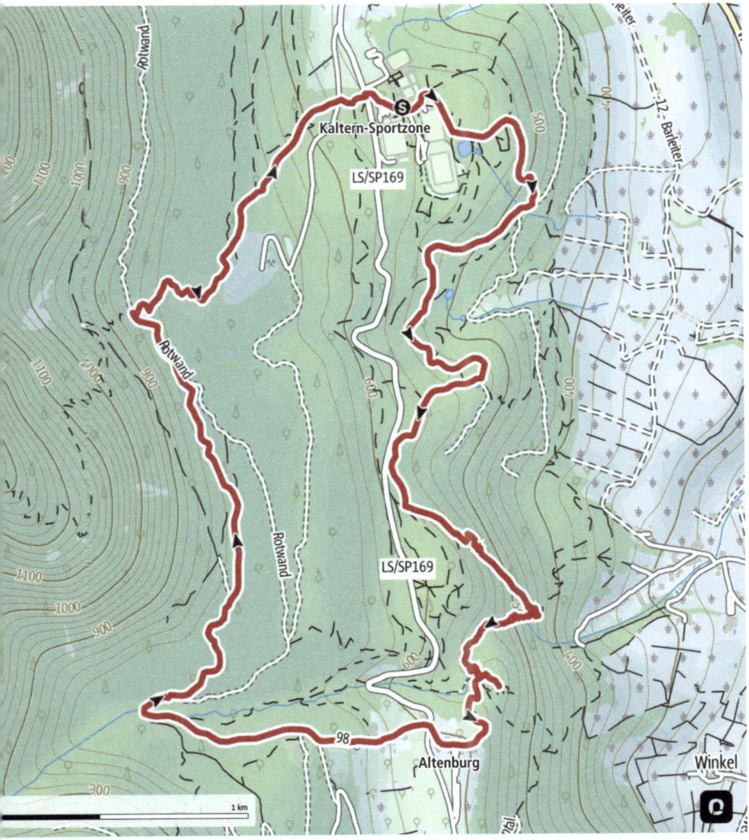

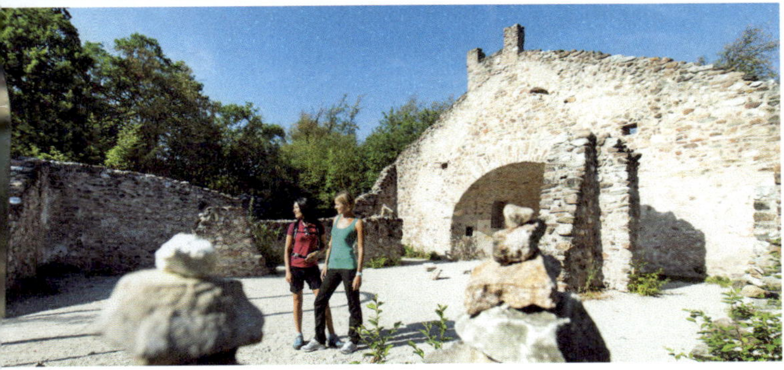

Die Ruine der ehemaligen St.-Peter-Kirche in Altenburg

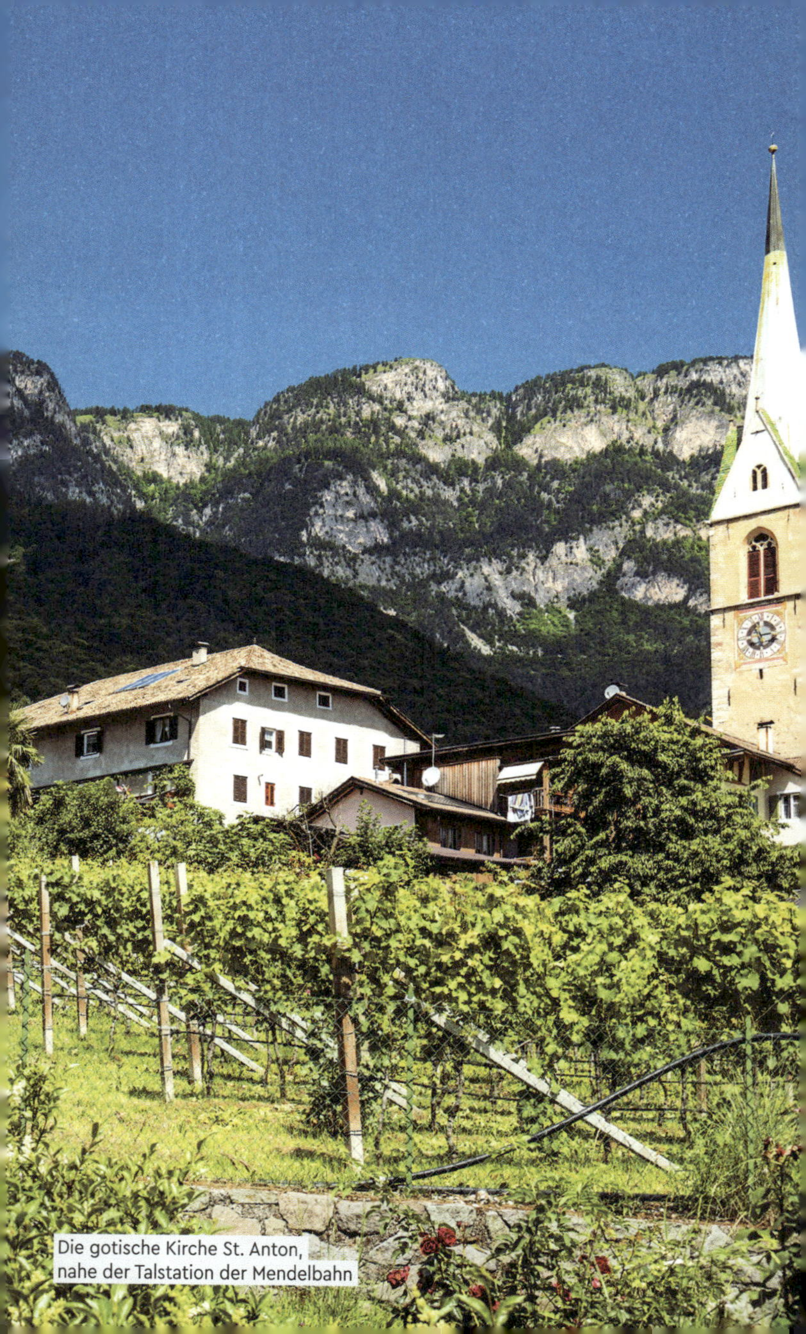

Die gotische Kirche St. Anton,
nahe der Talstation der Mendelbahn

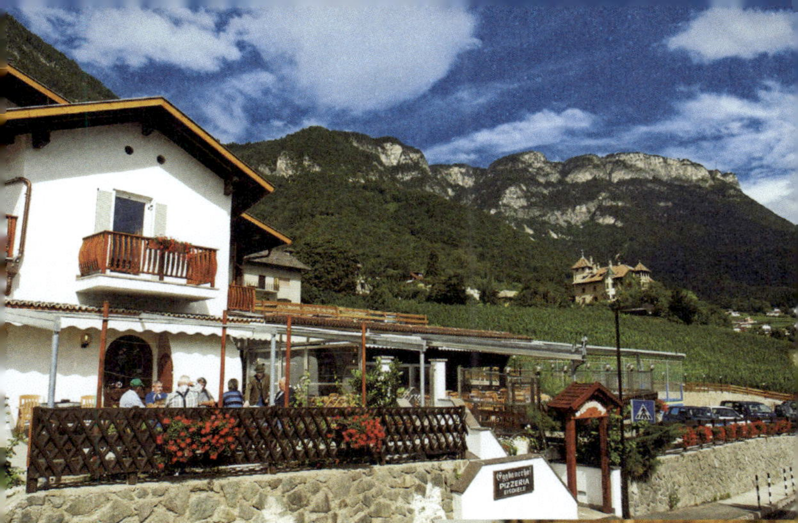

DORFGASTHAUS EGGBAUERHOF

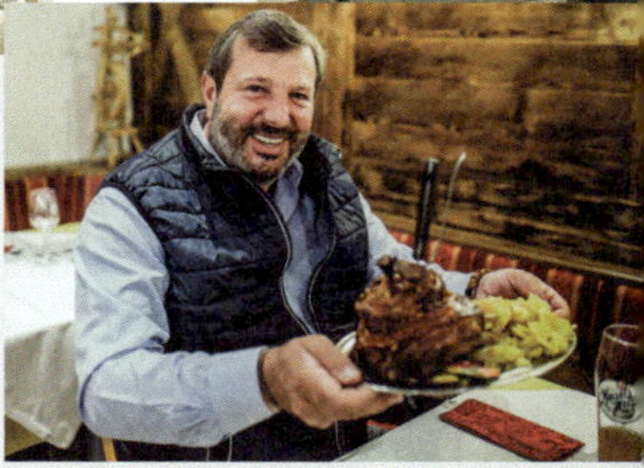

Unser Hof liegt in schöner Panoramalage oberhalb von Kaltern, unweit der Talstation der Mendelbahn.
Seit 35 Jahren servieren wir auf unserer aussichtsreichen Terrasse und in unseren gemütlichen Innenräumen, traditionelle und internationale Gerichte.
Auf unserer Speisekarte ist für jeden Geschmack etwas dabei.

Restaurant Pizzeria
Eggbauerhof
since 1988
Caldaro Kaltern

Fam. Morandell/Rottensteiner
St. Anton 53
I-39052 Kaltern

T + 39 0471 962152
info@eggbauerhof.com
www.eggbauerhof.com

Ganzjährig geöffnet
Mittwoch Ruhetag,
außer Mitte Juli bis Oktober

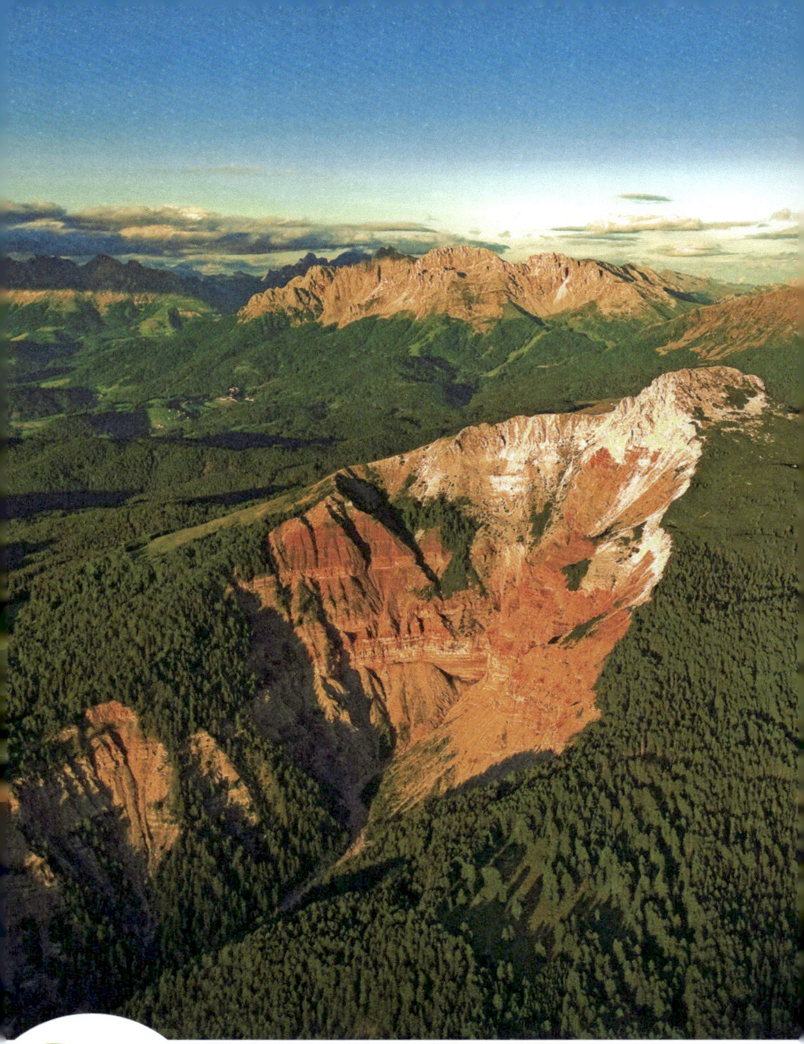

15 Die Geoparc-Bletterbach-Schlucht

GEOPARC Bletterbach – Visitor Center

7 km

2:30 h

420 m

420 m

leicht

auf der Brennerautobahn A22 bis zur Ausfahrt Auer, weiter über Neumarkt und Montan nach Aldein zum Besucherzentrum

»Canyon-Wanderung vom Feinsten: Reise in 250 Millionen Jahre Erdgeschichte und versteinerte Urzeittiere selbst finden«

Die Wanderung durch die Bletterbachschlucht ist eine kleine Zeitreise ins Erdaltertum und Erdmittelalter. 16 Informationstafeln erklären dem Wanderer an besonders interessanten Stellen die verschiedenen Gesteinsschichten dieses einzigartigen Canyons. Die Schichten haben sich vor 280 Millionen Jahren in der Perm- und Trias-Zeit gebildet und wurden vom Bletterbach wieder freigelegt. Zudem erzählen die Tafeln von den vielen wertvollen Funden verkohlter Pflanzen, von versteinerten Mikroorganismen, Schalentieren und Kopffüßlern sowie von den zahlreichen Fährten verschiedenster Saurierarten. Ebenso wird vom Metall, das in den Knappenlöchern abgebaut wurde, berichtet.

Das Weißhorn mit der Bletterbachschlucht und dahinter aufragend der Latemar

Wegbeschreibung: Vom Besucherzentrum des „GEOPARC Bletterbach" in Aldein (kostenpflichtiger Zugang in die Bletterbachschlucht) aus folgt man der Wegmarkierung 3 hinunter in die Bletterbachschlucht bis zum „Taubenleck". Nun folgt man dem Bachbett aufwärts bis zum großen Wasserfall am „Butterloch". Wasserfestes Schuhwerk ist zu empfehlen, da man immer wieder den Bach überqueren muss. Für den Rückweg dieser lehrreichen, abenteuerlichen Wanderung nimmt man den „Jägersteig". Er beginnt rechts, kurz unterhalb des Wasserfalls und führt steil ansteigend bis zur Forststraße und zurück zum Besucherzentrum. Es lohnt sich bis zum Talschluss weiterzuwandern, um sich die Schneise genauer anzusehen, die der Fluss in die Bergflanke gefräst hat.

TIPP

Im Sommer sollte man spätestens gegen 11 Uhr im Besucherzentrum sein, um der großen Hitze und einem eventuellen Sommergewitter am Nachmittag zu entkommen. Bei Regenwetter, Gewitter und bei kühlen bis kalten Temperaturen wird wegen Steinschlaggefahr von einer Wanderung durch die Schlucht dringend abgeraten. Bitte informieren Sie sich vor Ihrem Start im Besucherzentrum in Aldein über die aktuellen Bedingungen in der Bletterbachschlucht.

Scan mich!

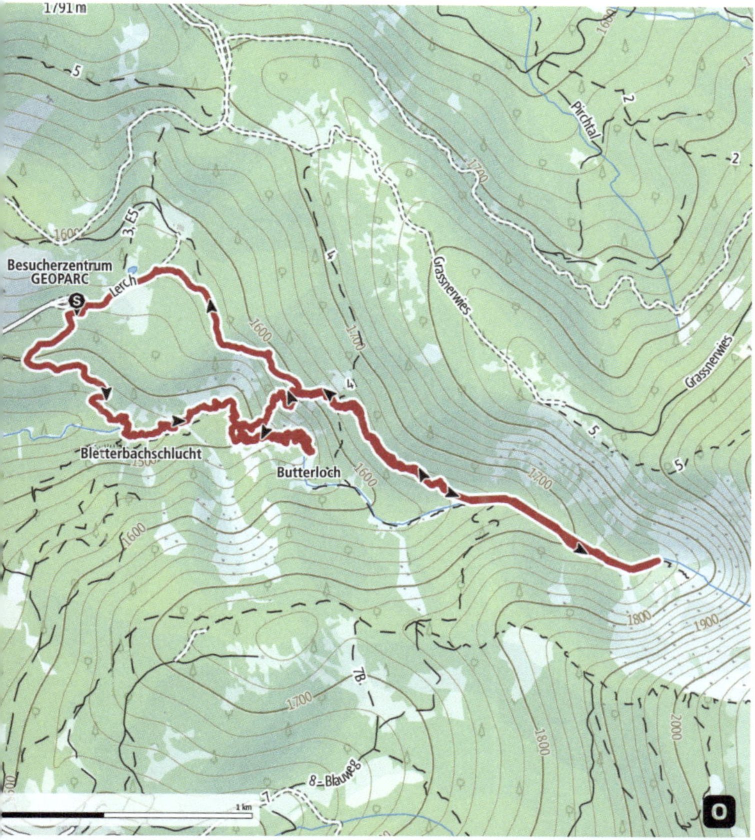

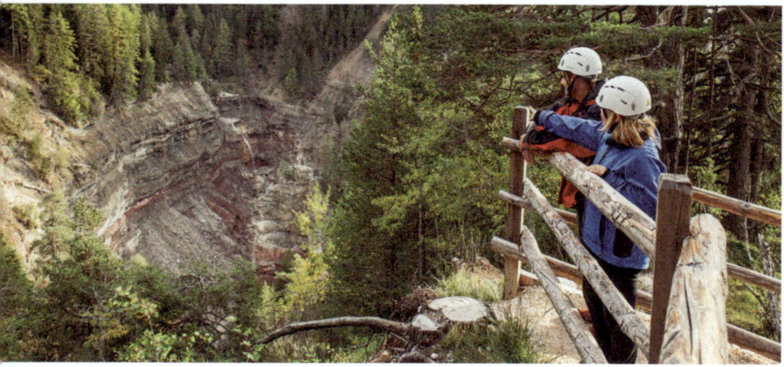

Blick in die beeindruckende Bletterbachschlucht

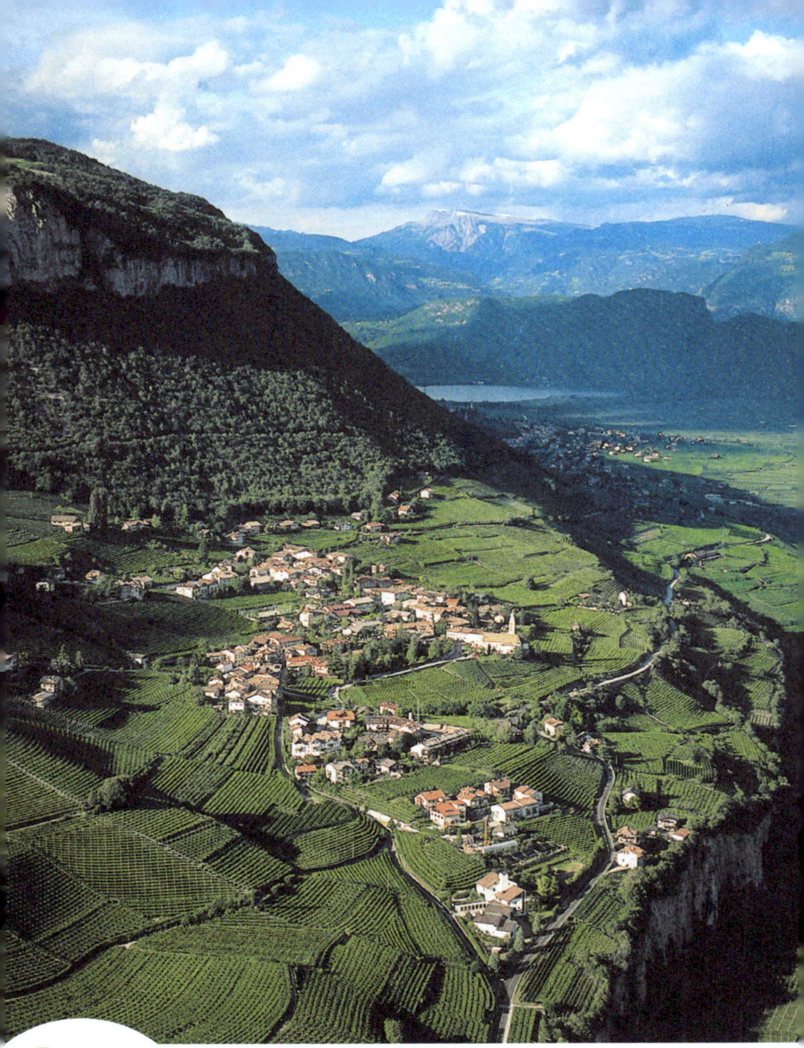

16 Von Kurtatsch nach Graun

Kurtatsch, Parkmöglichkeit im Ort

7 km

2:35 h

460 m

460 m

leicht

über die Brennerautobahn A22 bis Neumarkt, dann den Ortsschildern folgen bis Kurtatsch

„Schöne Rundwanderung im bekannten Weindorf im Südtiroler Unterland“

Bei dieser Rundwanderung, die fast das ganze Jahr begehbar ist, wandert man von Kurtatsch hinauf nach Graun. Auf dem mit 14 Kreuzwegstationen gesäumten Weg – diese schmale Straße bildete einst den Hauptweg zwischen Kurtatsch und Graun – kann man den bekannten großen Stein von Graun (Schalenstein), einen bronzezeitlichen Kultstein mit verschiedenen eingravierten Zeichen, bewundern. Man kommt an einer Felsnische mit einer Barbarastatue vorbei, und kehrt schließlich über den Bergweg wieder nach Kurtatsch zurück.

Wegbeschreibung: In Kurtatsch über die Andreas-Hofer-Straße und die Obergasse bis zu den letzten Häusern und auf dem breiten Weg 5A leicht ansteigend quer durch Gebüschhänge zu dem von Tramin heraufkommenden „Lochweg".

Der idyllische Ort Kurtatsch an der Weinstraße

Nun auf diesem (Nr. 5) in Kehren durch Buschhänge hinauf zum „Grauner Loch". Es ist dies eine kleine, schmale und steile, aber problemlos begehbare Felsschlucht. Durch diese Schlucht auf einem gepflasterten Weg und im Wald bergan zu Weingütern, diese querend hinüber bis unterhalb der Kirche von Graun und rechts hinan ins Dorf. Beim Abstieg wandert man hinunter bis in die Nähe der Kirche und bei der Weggabelung rechts auf der Markierung 1 kurz hinunter zum Schalenstein. Weiter der Straße entlang bis zum Ausgangspunkt.

TIPP

Sehenswert ist auch die teils romanische, teils gotische, dem hl. Georg geweihte Grauner Kirche mit dem romanischen Turm (13. Jh.), die einsam in einem lichten Hain auf einer kleinen Anhöhe steht.
Ein Blick in das Innere der Pfarrkirche Graun zeigt einen barocken Hochaltar von 1713, der von der aufgelassenen Georgskirche von Altenburg bei Kaltern stammt.

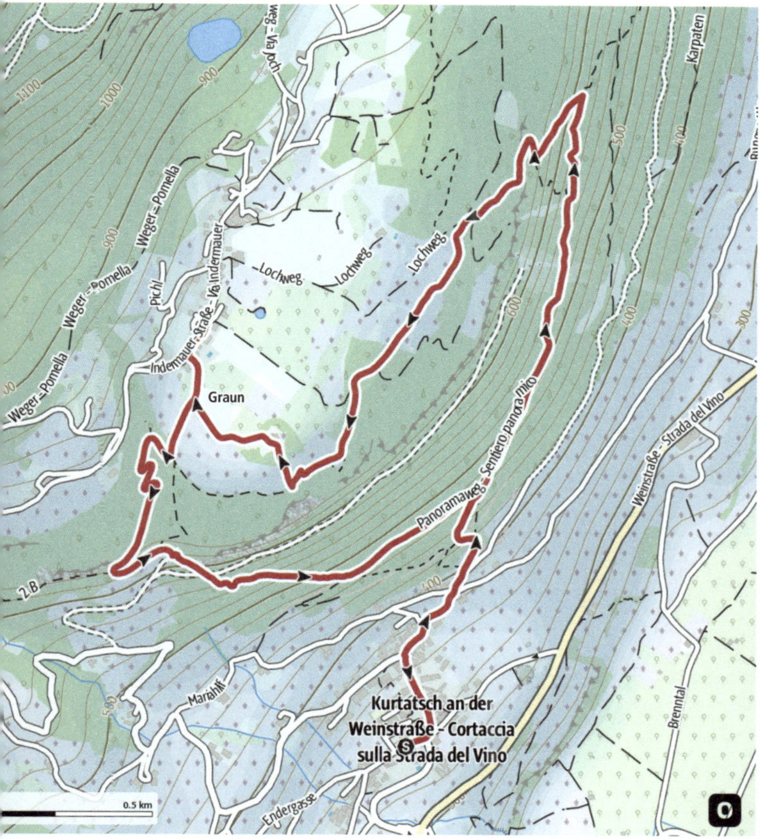

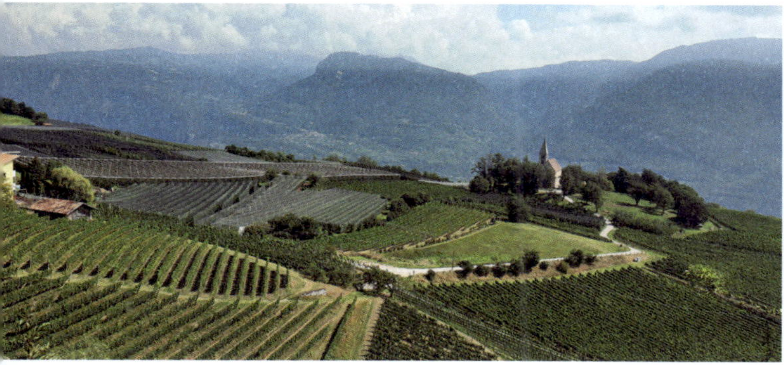

Blick auf die Kirche von St. Georgen in Graun

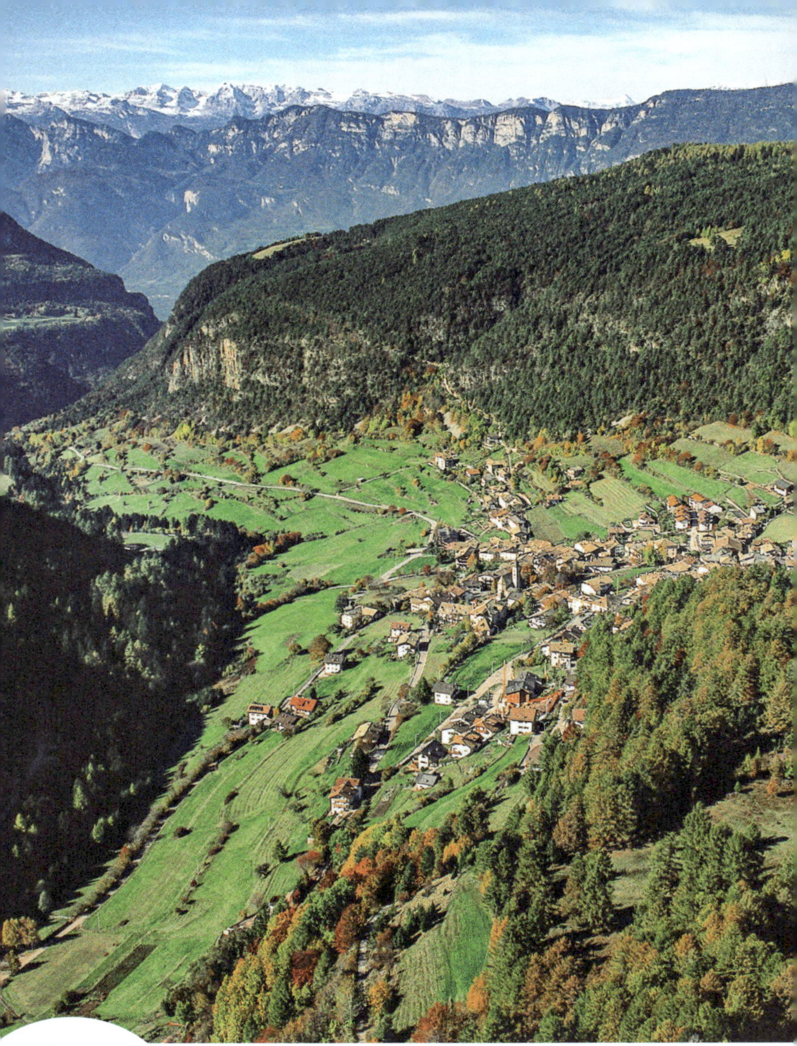

17 Zur Cislonalm bei Truden

Truden, Parkmöglichkeit im Ort

7,6 km

2:35 h

310 m

310 m

leicht

Richtung Fleimstal bis Kaltenbrunn, dort Abzweigung nach Truden

„Unterwegs in der wunderschönen Landschaft des Naturparks Trudner Horn mit herrlichem Panorama“

Diese Wanderung verläuft in einem landschaftlich einmaligen Gebiet. Hier gibt es neben der Gebirgsvegetation auch submediterrane Flaumeichen, Hopfenbuchen, Mannaeschen und Buschwald. Auf den Lärchenwiesen wachsen Soldanelle, Krokus, Feuer- und Türkenbundlilien. Moore gibt es am Weißensee, am Schwarzsee und am Langen Moos.
Das Naturparkhaus Trudnerhorn in Truden ist im Gebäude der „Alten Mühle“ untergebracht. Unter dem Motto „Verborgenes sichtbar machen" wird die Artenvielfalt des Naturparks Trudner Horn vorgestellt. Weitere Schwerpunkte sind der geologische Gesteinsaufbau, die Tier- und Pflanzenwelt, verschiedene Baumarten und naturkundliche Kostbarkeiten wie Moore, Heckenlandschaften und Lärchenwiesen.

Blick auf Truden im Unterland

Wegbeschreibung: Vom Parkplatz (1161 m) wählen wir den Weg Nr. 2, der anfangs steil bergan geht. Nach einer Linkskehre wird der Weg bald angenehmer und führt uns durch einen dichten Wald, der schließlich in den für diese Gegend typischen Kiefernwald wechselt. Es wird lichter und der Blick öffnet sich auf die Bergwelt der Umgebung. Dazu zählen auch die Gipfel der Lagoraikette. Die Forststraße macht eine weite Schleife, wir steigen langsam abwärts bis in die Nähe der Hochwand und befinden uns inmitten von Almrosen und Latschen. Erneut kehrt sich die Marschrichtung um und wir wandern leicht abfallend zur Cislonalm (1249 m), die wir in eineinhalb bis zwei Stunden erreichen.
Der Abstieg erfolgt über die Forststraße mit der Markierung 1. Hier gibt es kurze steile Abschnitte. Wir erreichen den unteren Teil der Ortschaft Truden. Für den Rückweg benötigen wir ungefähr eine Stunde.

TIPP

Sehenswert ist auf jeden Fall das Naturparkhaus Trudner Horn mit seiner voll funktionstüchtigen Elevatormühle, die in den Sommermonaten bei den Getreidemahltagen immer wieder zum Einsatz kommt.

Scan mich!

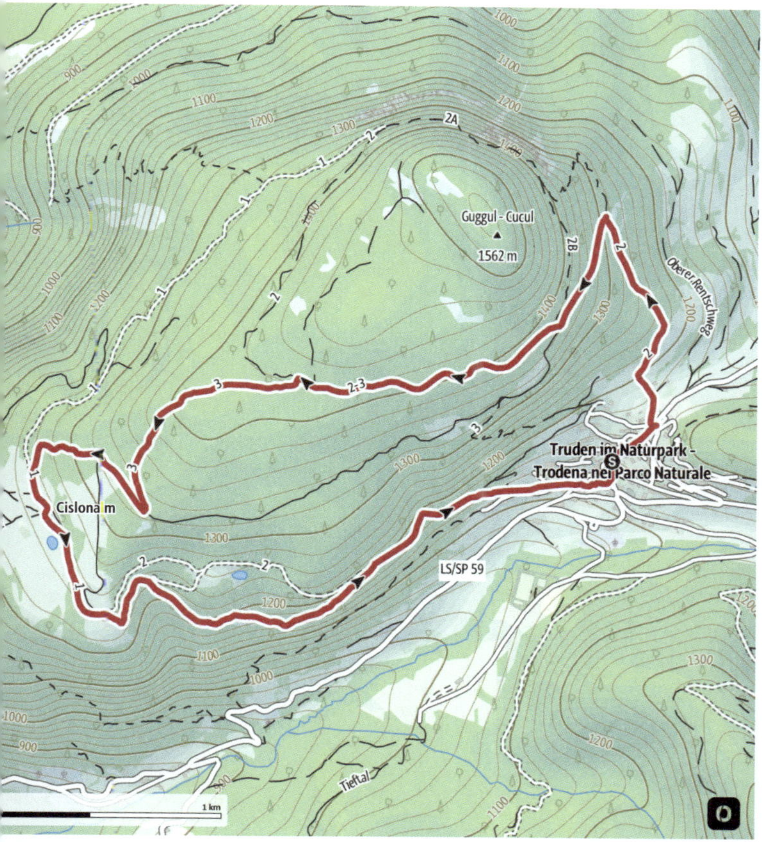

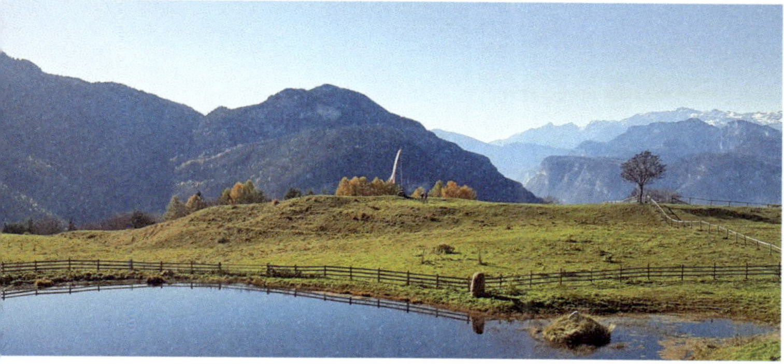

Der kleine Weiher direkt unterhalb der Cislonalm

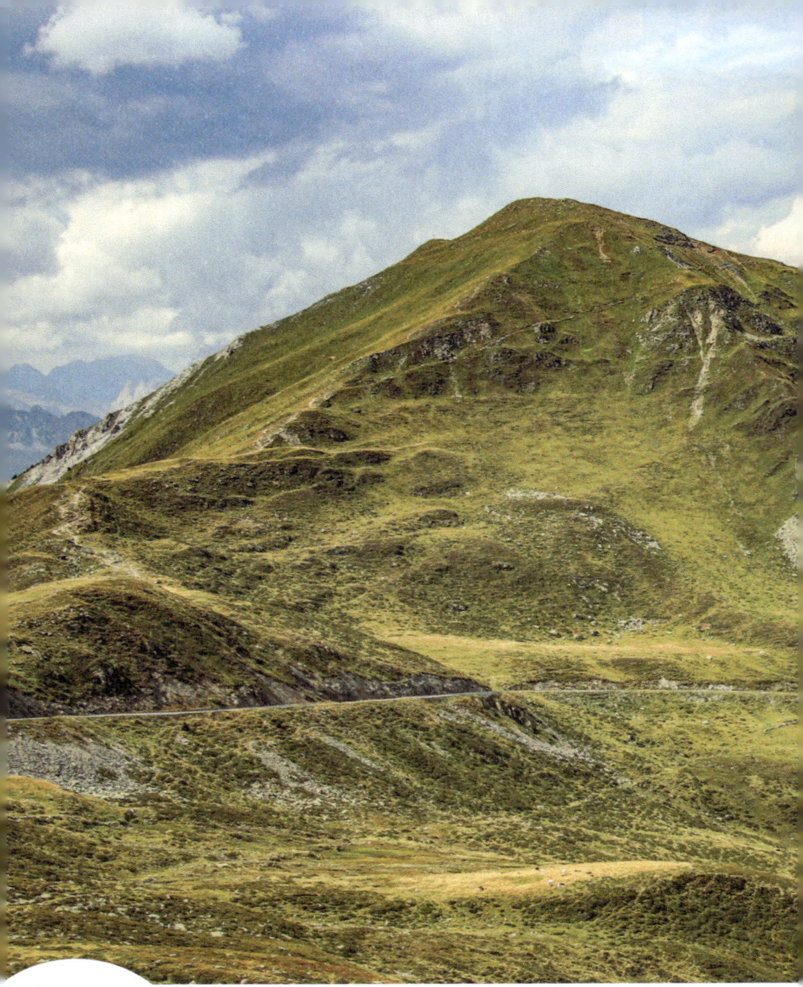

18 Auf den Zinseler

»Leichte Bergtour auf den Zinseler mit atemberaubendem Gipfelerlebnis«

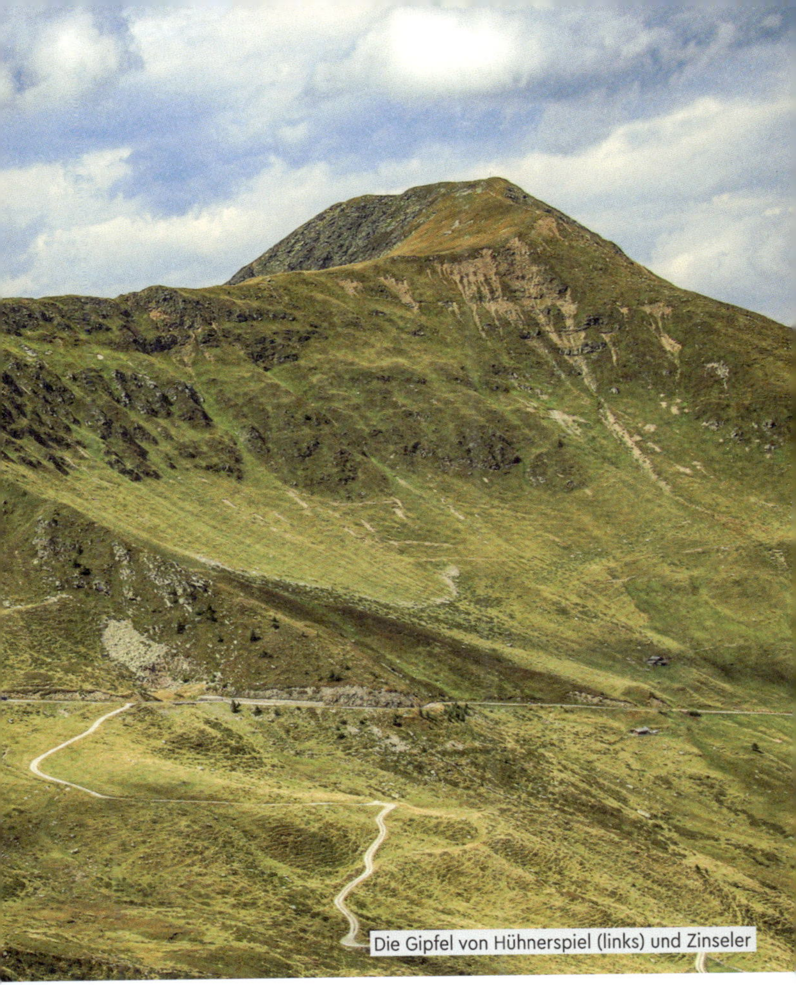

Die Gipfel von Hühnerspiel (links) und Zinseler

Penser Joch, Parkplatz

6,3 km

2:25 h

390 m

390 m

mittel

von Bozen oder Sterzing kommend zum Penser Joch

Der Zinseler liegt im nördlichen Teil der Sarntaler Alpen in der Nähe des Penser Jochs. Der Aufstieg zum Gipfel ist eine einfache Bergwanderung, die durch eine naturbelassene und urige Landschaft führt.

Wegbeschreibung: Vom Parkplatz am Penser Joch steigt man auf Markierung 15 kurz ab, bis die Markierung 14 nach links abzweigt. Man überquert die Straße und folgt dieser Markierung. Vom Seiterbergjöchl wandert man über den breiten Rücken und unterhalb des Hühnerspielgipfels zum Gospeneider Jöchl. Dort verzweigt sich der Weg neuerdings. Der Aufstieg zum Zinseler führt geradeaus weiter (Mark. 14) und am Ende über ein paar Serpentinen hinauf zum Gipfel des Zinseler (2422 m). Vom Gipfel hat man eine großartige Rundumsicht und einen ausgezeichneten Tiefblick auf das Wipptal und die Stadt Sterzing. Man steigt über denselben Weg ab.

Kleiner Bergsee am Penser Joch

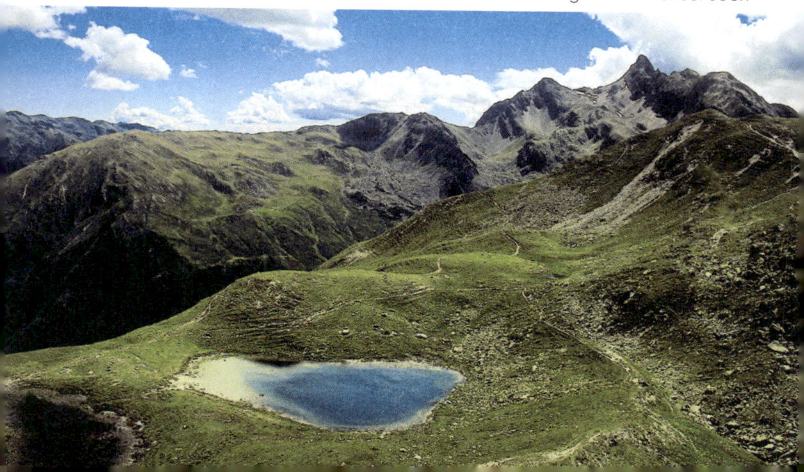

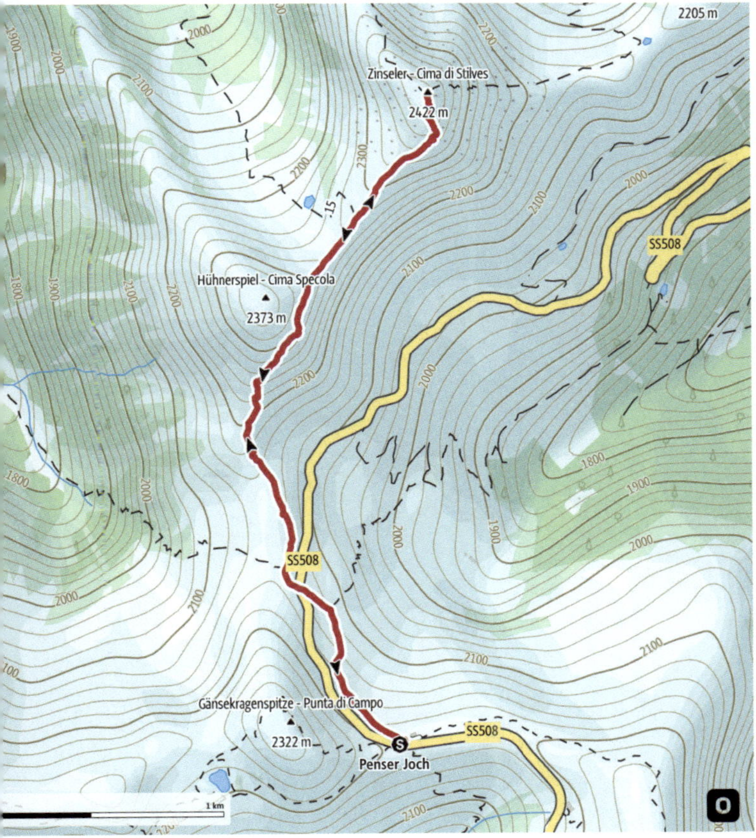

TIPP

Um den Abstieg vom Joch über die vielbefahrene Straße zu vermeiden, kann man, von Bozen kommend, übers Penser Joch Richtung Sterzing weiterfahren. Nach ca. 800 Metern gibt es auf der rechten Seite begrenzte Parkmöglichkeiten. Ein Schild weist dort den Weg zum Zinseler.

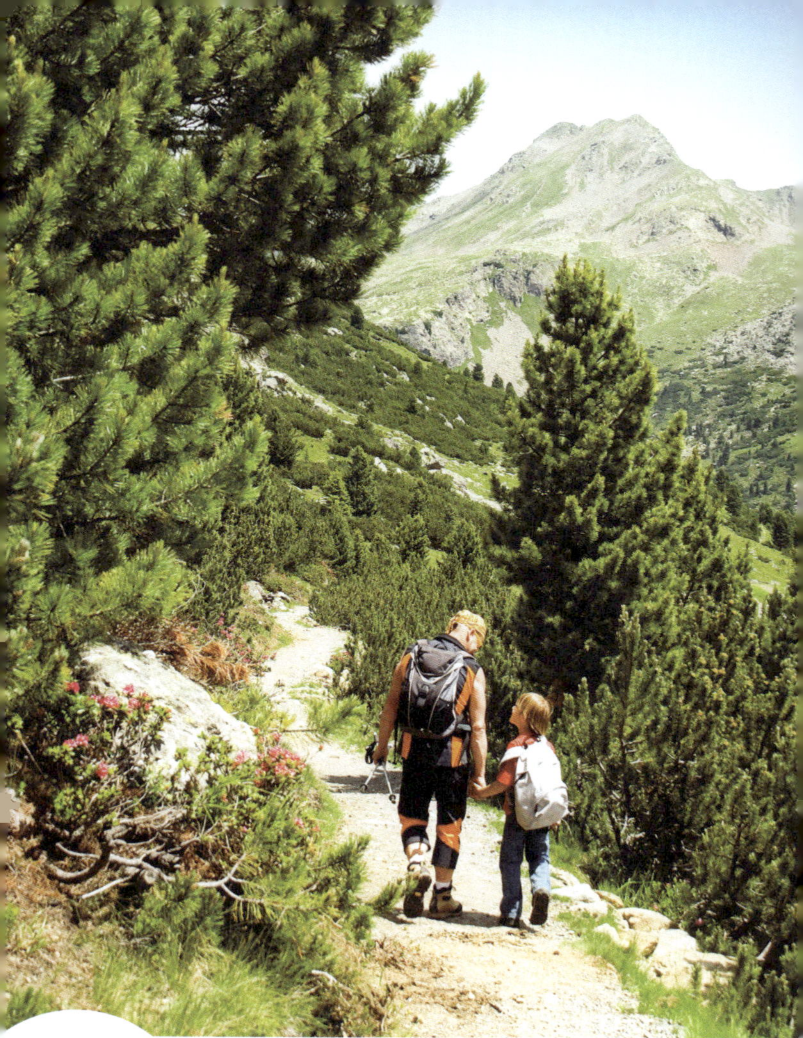

19 Auf das Sattele in den Sarntaler Alpen

Bergstation der Kabinenbahn Reinswald

3,8 km

1:35 h

330 m

330 m

mittel

von Bozen ins Sarntal bis zur Talstation der Kabinenbahn Reinswald (kostenpflichtiger Parkplatz); auch sehr gut mit dem Bus erreichbar

»Leichter, aber lohnender Aufstieg auf den Aussichtsgipfel des Sattele«

Im Sarntal gibt es eine große Anzahl an sehr schönen und zum Teil auch einsamen Wanderungen. Die Kabinenbahn in Reinswald bringt den Wanderer hinauf auf ein Hochplateau, auf dem es endlose Wanderwege und einfache Gipfeltouren mit grandiosem Ausblick auf die nahen Dolomiten gibt. Der kurze Aufstieg zum Gipfel des Sattele, der direkt oberhalb der Bergstation der Kabinenbahn Reinswald liegt, verläuft über relativ einfach zu begehende Bergwege.

Wegbeschreibung: Von der Bergstation der Kabinenbahn Reinswald folgt man anfangs dem breiten Wanderweg Nr. 9B, von dem wenig später der schmale Steig 9B links abzweigt. Er führt im angenehmen Anstieg durch Latschenkiefer und Bergwiesen und nach etwa einer Stunde hat man

Wandern im Getrumtal

den Gipfel des 2456 m hohen Sattele erreicht. Hier erwartet den Wanderer ein wunderbares, weitreichendes Panorama: Der Blick schweift von den Dolomiten wie dem Peitlerkofel, der Langkofelgruppe oder dem Latemar über mächtige Dreitausender zu den ringsum aufragenden Sarntaler Alpen mit dem nahen Plankenhorn oder der Kassianspitze. Neben dem Gipfelkreuz befinden sich vier Panoramatafeln mit den Namen der zahlreichen Gipfel.

TIPP

Direkt im Wandergebiet Reinswald gibt es den erlebnisreichen *Urlesteig*, der ein Wandererlebnis mit Spiel, Spaß und Abenteuer für die ganze Familie garantiert. Der Weg ist in sechs Etappen eingeteilt, die sich verschiedenen Themen widmen. Infotafeln und viele interaktive Stationen geben interessante Einblicke in die Geschichte, Kultur, Almwirtschaft, ehemaligen Bergbau sowie Fauna und Flora.

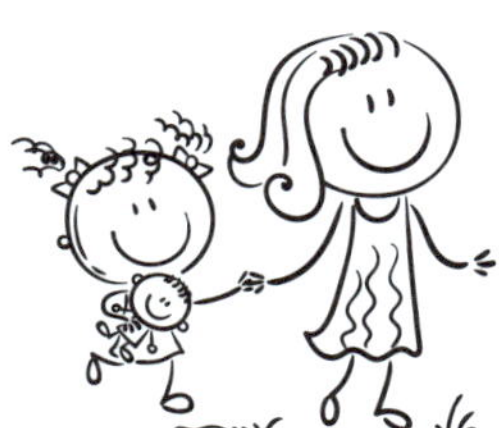

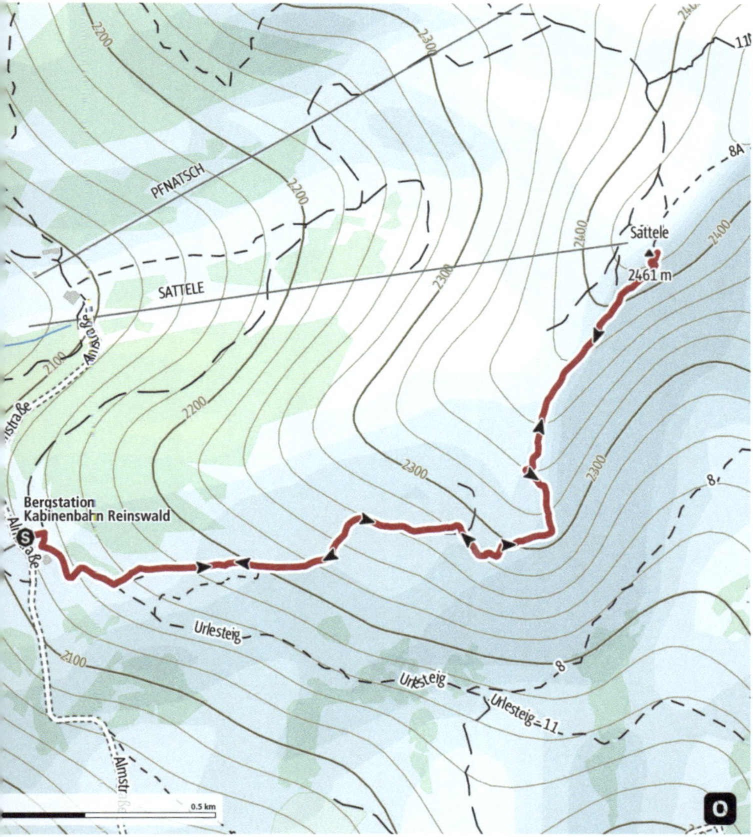

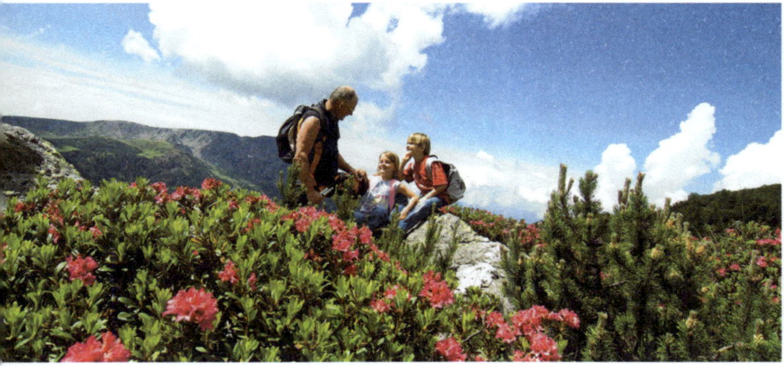

Unterwegs am Urlesteig: Erlebnis für die ganze Familie

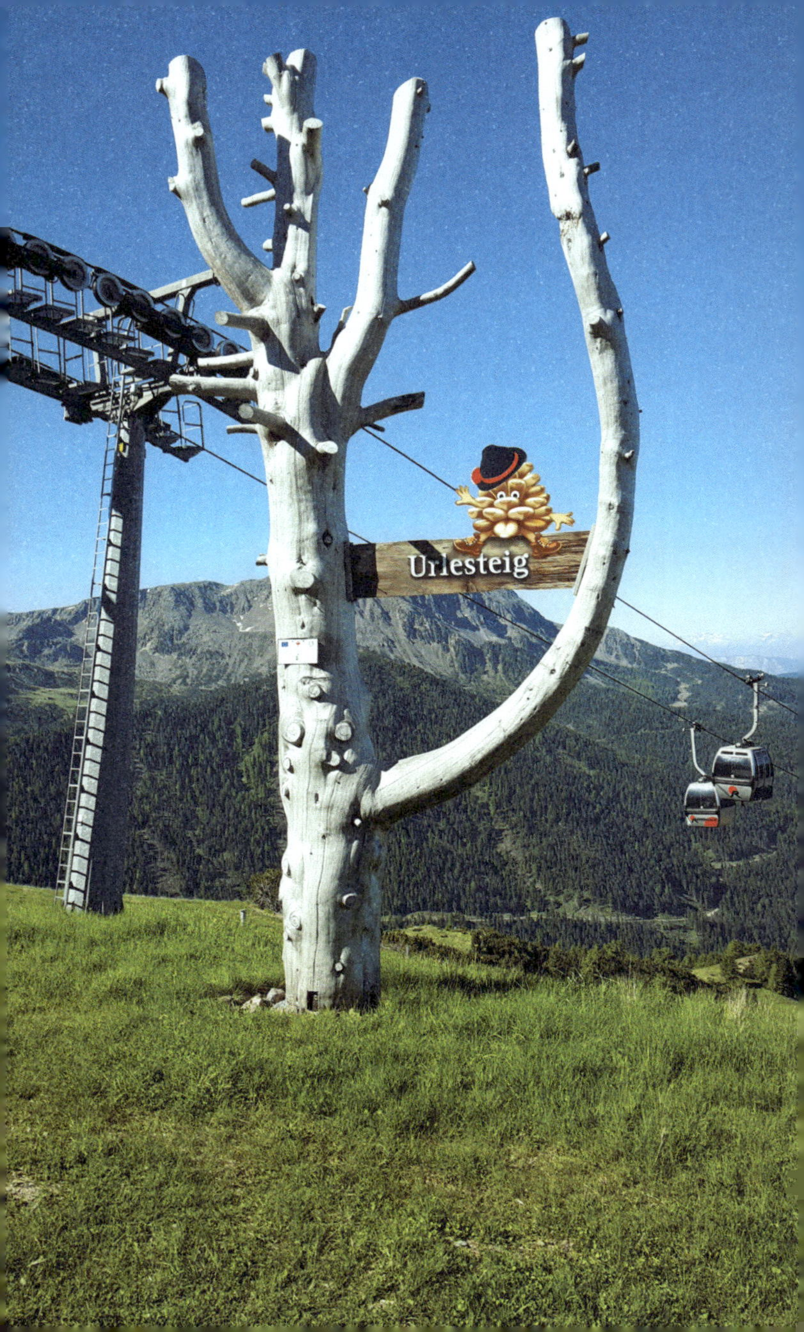
Urlesteig

REINSWALD
Sarntal • Val Sarentino

Wandergebiet Reinswald

eintauchen, erleben, genießen

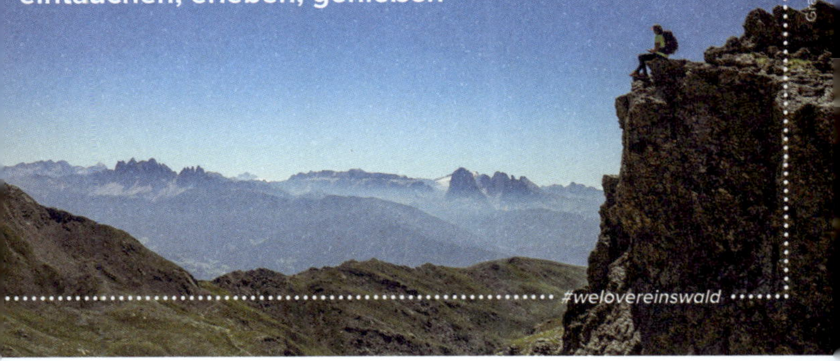

ırntal -
·üne Lunge Südtirols!

e Wanderung in den Sarntaler Alpen eine echte Erholung. Mit der Kabinen-ın auf 2.130 m und von dort aus in unberührte Bergwelt von Reinswald. ischen grasenden Tieren und saftigen ıwiesen kann man die Freiheit förm-ı spüren. Umgeben von weiten Wäl-rn einfach durchatmen und genießen.

rlesteig – das Natur-
·lebnis im Sarntal

ben der Stille auf den Berggipfeln ıt es aber auch Vieles zu erleben. Der esteig ist ein Abenteuer für die gan-Familie. An verschiedenen Stationen nnen Jung und Alt vieles über Natur d Geschichte lernen und spielerisch er-sen. Klettern, planschen und forschen ıcht unseren kleinen Besuchern beson-rs große Freude.

Familienangebote

Familien genießen im Wandergebiet Reinswald Vorrangstatus: sowohl bei den Saisonkarten als auch bei den Einzelfahr-ten gibt es attraktive Sonderangebote!

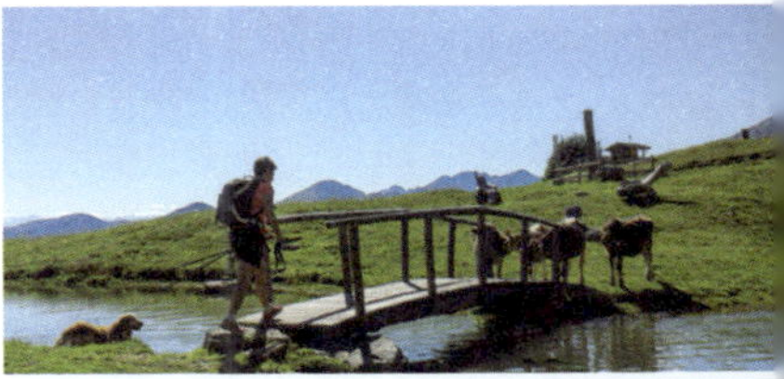

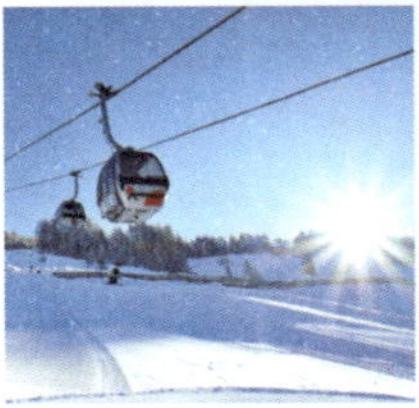

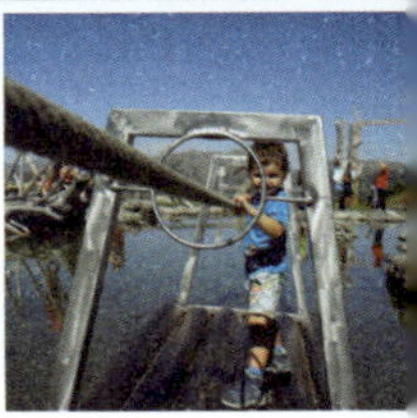

ıRNtAL
ırz Südtirols

Wandergebiet T. 0471 625 132 | info@reinswald.com
Tourismusverein Sarntal T. 0471 623 091 | info@sarntal.com
www.sarntal.com

SÜDTIROL

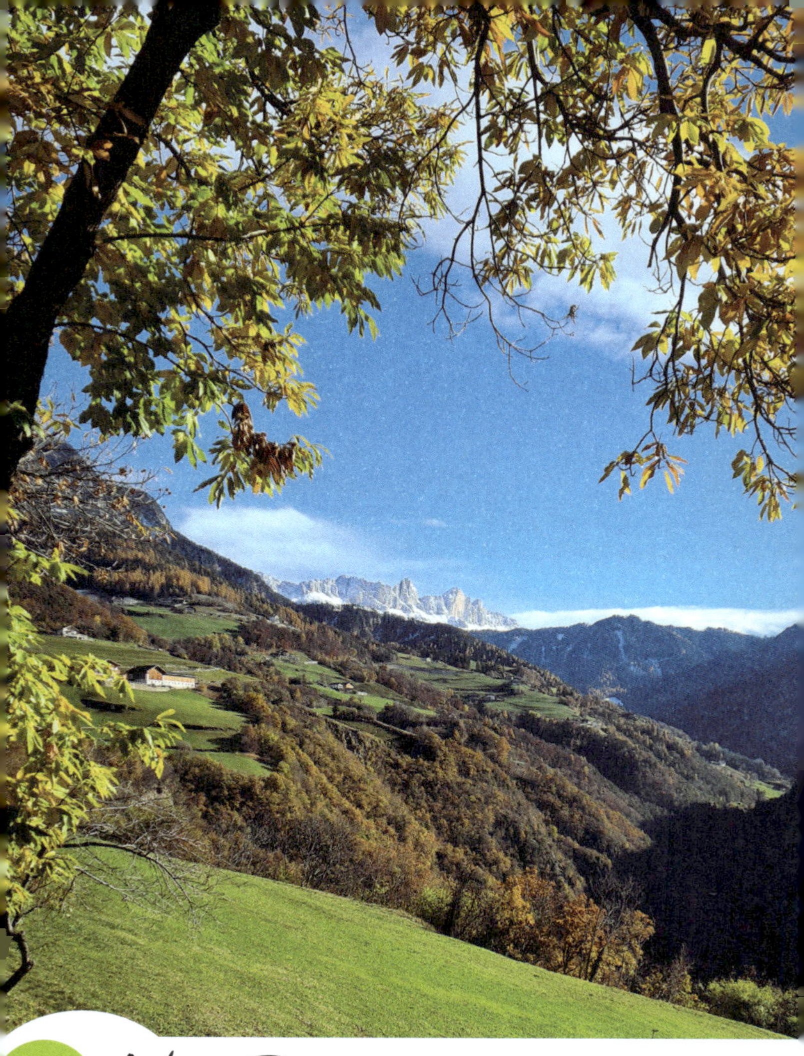

20 Von Prösels auf dem Oachner Höfeweg

Parkplatz von Schloss Prösels

9,2 km

3:10 h

455 m

455 m

mittel

auf der SS 12 bis Blumau, dort auf die Völser Straße abbiegen, nach knapp 6 km zweigt nach rechts die Straße nach Prösels ab

»Sonnige Rundwanderung durch eine abwechslungsreiche Naturlandschaft«

Sehr abwechslungsreiche und kurzweilige Tour mit wunderschöner Aussicht. Zu Beginn schweift der Blick über das Schlernmassiv zum gegenüberliegenden Hochplateau des Rittens, wo man unweigerlich in Versuchung gerät, die vielen Kirchtürme zu zählen. Beim Gemoanerhof schwenkt der Blick nach Steinegg ins Tierser Tal hinab zur Völseggspitze und den Rosengarten.
Vorbei an Hofkapellen und steilen Weinhügeln, lohnt es sich manchmal innezuhalten, um den Ausblick zu genießen. In der Gegend des Schnaggenkreuzes ändert sich die Landschaft ein weiteres Mal: Die weiten Wiesen und die Lärchen bilden einen faszinierenden landschaftlichen Anreiz.

Auf dem Oachner Höfeweg

Wegbeschreibung: Vom Parkplatz des Schlosses Prösels wenden wir uns nach Westen und folgen der Beschilderung Unteraicha/Oachner Höfeweg. Nach dem Rieferkeller geht es nach rechts hinab (Höfeweg, St. Kathrein) zum Rieferhof. Als nächstes gelangen wir zum Flunger und danach weist die Höfewegbeschilderung wieder nach rechts. Unser Weg geht nun von einer Asphaltstraße wieder in einen Wanderweg über. Am Unterpsennerhof vorbei erreichen wir den Gemoanerhof, hier dreht die Tour nun Richtung Osten. Es folgt der Weinhof Prackfol und der Inner- und Außerperskolhof. Schließlich nähern wir uns dem letzten Hof mit Einkehrmöglichkeit auf unserer Runde, dem Fronthof. Bereits vorher wenden wir uns aber in einer Linkskurve nach links hinauf, Richtung Völser Aicha, wo wir nach einer Viertelstunde ankommen. Bei der Kirche weist die Beschilderung zum Schnaggenkreuz, zu dem wir auf Weg 7 in einer halben Stunde aufsteigen. Nun kehren wir auf Weg 5 in einer knappen halben Stunde wieder zum Ausgangspunkt zurück.

TIPP

Bei einem Besuch auf Schloss Prösels kann man in die Zeit des Mittelalters eintauchen und bei einer Führung den Rittersaal, die Schlosskapelle und weitere Teile der Renaissance-Schlossanlage bestaunen.

Scan mich!

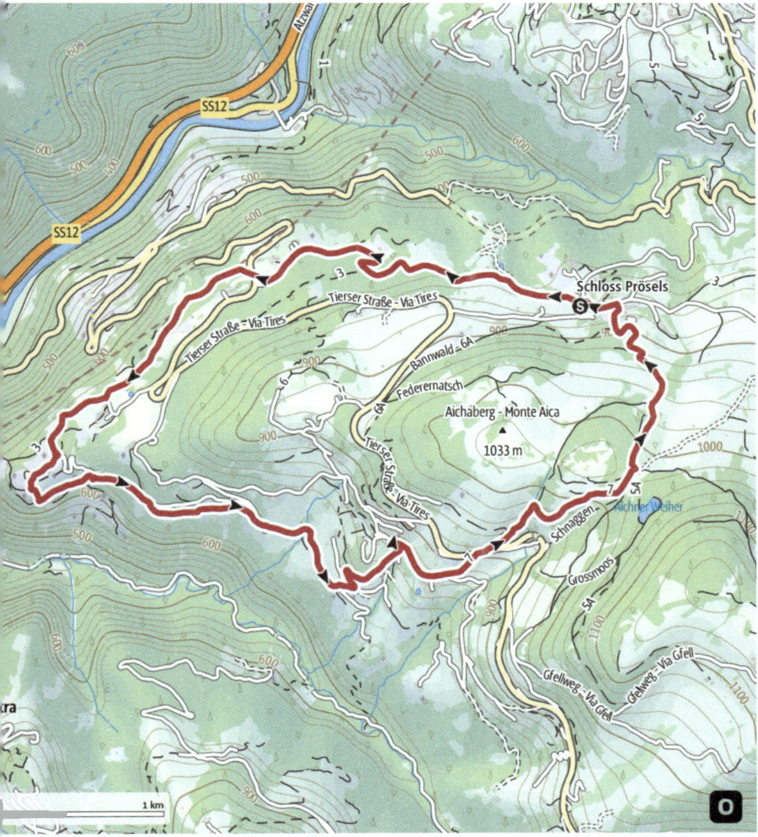

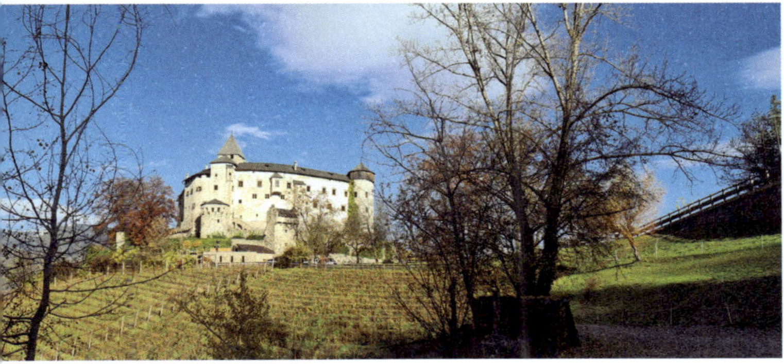

Das prächtige, mittelalterliche Schloss Prösels

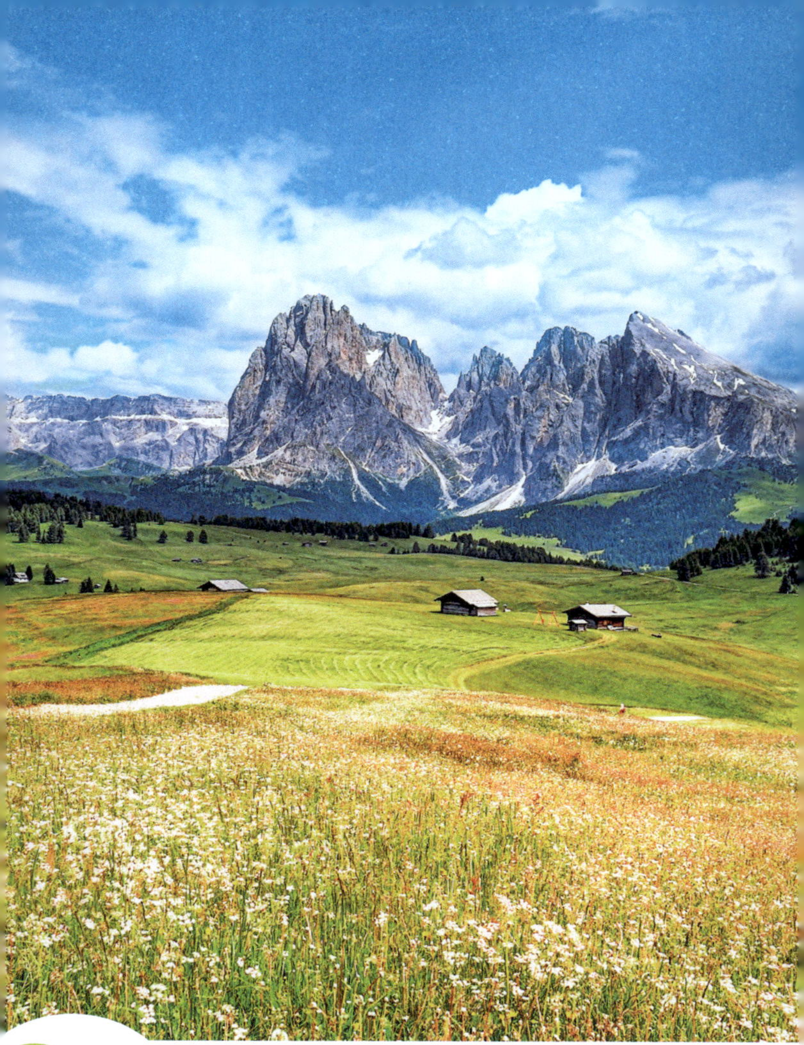

21 Rund um den Puflatsch

Compatsch, Bergstation der Gondelumlaufbahn Seiser Alm

8,3 km

2:45 h

320 m

320 m

mittel

Richtung Seiser Alm bis nach Seis zur Talstation der Gondelumlaufbahn Seiser Alm, Parkplatz

»Rundwanderung zu den Hexenbänken, einem mystischen Ruheplatz der Schlernhexen«

Der Puflatsch steht wie ein Tafelberg über der Seiser Alm und ist, auch wenn kein Gipfel im eigentlichen Sinn, der schönste Aussichtspunkt auf der Hochalm. Hier genießt man einen herrlichen Panoramablick: im Süden auf den Schlern und die Rosszähne, im Osten auf Marmolada und Sellastock, im Norden auf Raschötz und Sarntaler Alpen und im Westen auf die Ortlergruppe. Auf der Südseite des Puflatsch hingegen schweift der Blick über Seis und Völs bis nach Bozen. Von den Hexenbänken, jenen Felsen in Form großer Sessel, von denen alte Sagen berichten, sie seien Treffpunkt der Schlernhexen gewesen, sieht man besonders schön über Kastelruth und die Grödner Bergwelt.

Die Seiser Alm mit Lang- und Plattkofel im Hintergrund

Wegbeschreibung: Der Weg Nr. 14 führt von der Bergstation der Gondelumlaufbahn Seiser Alm hinauf zur Schutzhütte Dibaita und setzt dann geradeaus auf dem Puflatsch-Rundwanderweg fort. Sobald man ein Wegkreuz erreicht hat, geht's fast eben weiter über die Hochfläche. Kurz nach einem mächtigen Wetterkreuz kommt man zur Arnikahütte. Hier folgt man nun dem Wegweiser zu den Hexenbänken, einer alten heidnischen Kultstätte, an der bis ins Mittelalter hinein Hexentänze der Schlernhexen stattgefunden haben sollen. Anschließend führt der Weg aufwärts zum Fillner Kreuz, das auch ein beliebter Aussichtspunkt ist. Auf dem Weg mit der Markierung 24 gehts weiter bis zum Berggasthof Puflatsch. Gleich dahinter befindet sich die Panorama-Aussichtsplattform „Engelrast" mit herrlichem Blick auf die Dolomiten. Der Abstieg zum Ausgangspunkt in Compatsch ist nun nicht mehr weit, aber steil und holprig.

TIPP

Die Umrundung des Puflatsch ist eine geschichtlich interessante Wanderung, die sich besonders für Familien mit Kindern und für das ältere Publikum eignet.

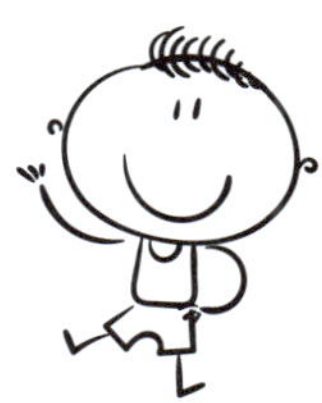

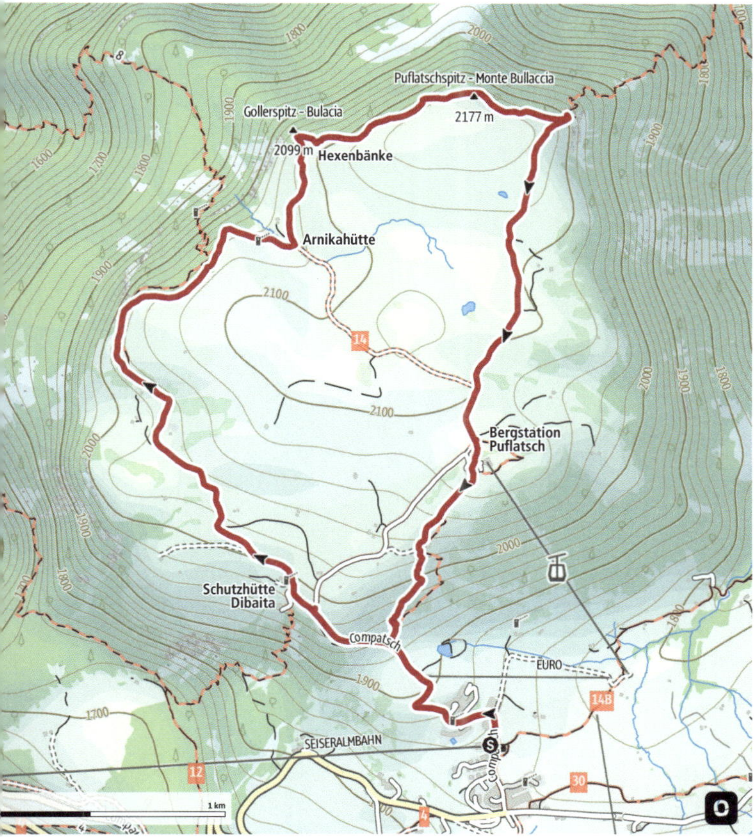

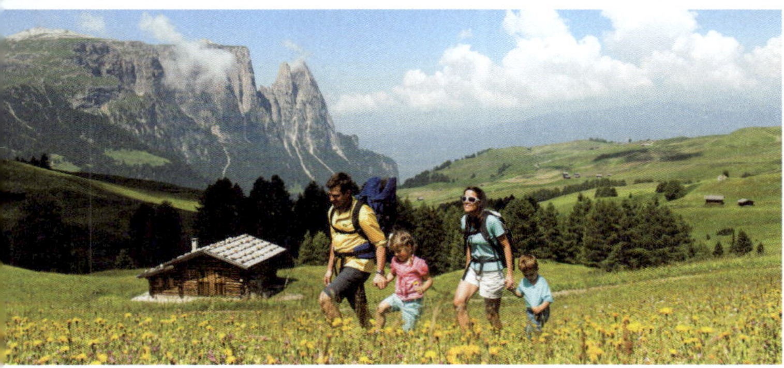

Blühende Almwiesen auf der Seiser Alm

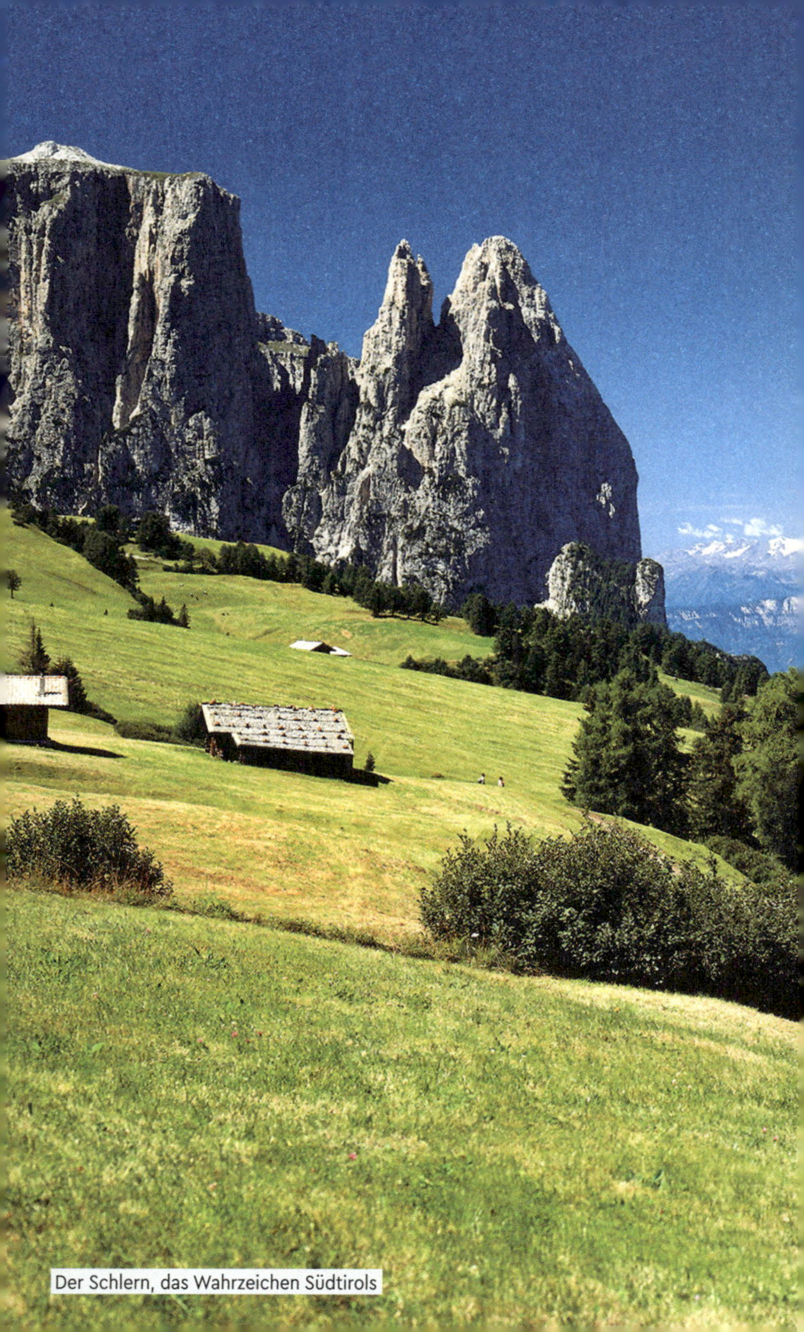

Der Schlern, das Wahrzeichen Südtirols

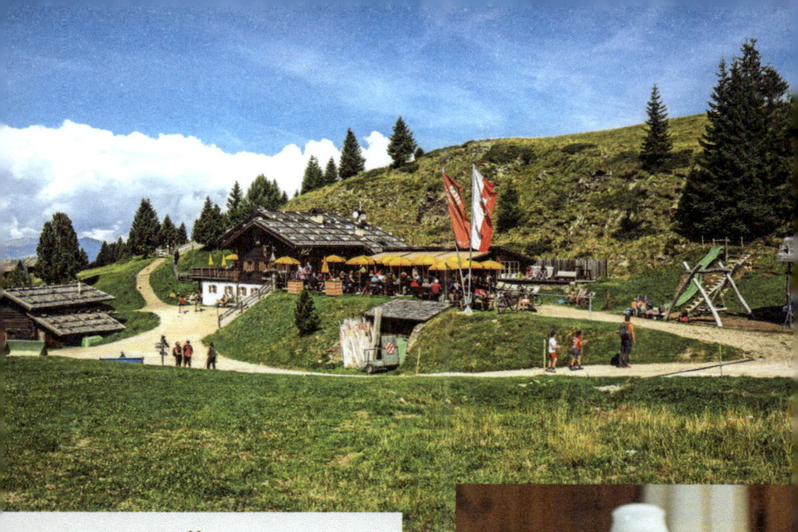

ARNIKA HÜTTE

Ruhig gelegen auf dem Puflatsch, erwartet Sie die Arnika Hütte mit ihrer herzhaften Tiroler Küche.

Egal ob mit dem E-Bike, mit reiner Muskelkraft oder zu Fuß, wir sind über Asphaltstraße und gut gepflegter Schotterstraße in ca. 50 Minuten von der Bergstation der Seiser-Alm-Bahn zu erreichen.

Auch Familien mit Kindern können sich wohlfühlen und sich auf unserem Spielplatz austoben.

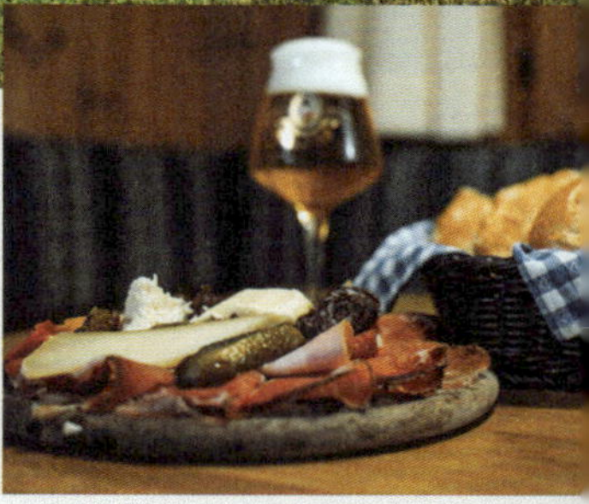

2.057 m
ARNIKA HÜTTE
Seiser Alm Alpe di Siusi

Fam. Rier
Compatsch 77 – Seiser Alm
I-39040 Kastelruth

T +39 0471 727812
info@arnikahuette.com
www.arnikahuette.com

Öffnungszeiten
Mitte Mai bis Ende Oktober

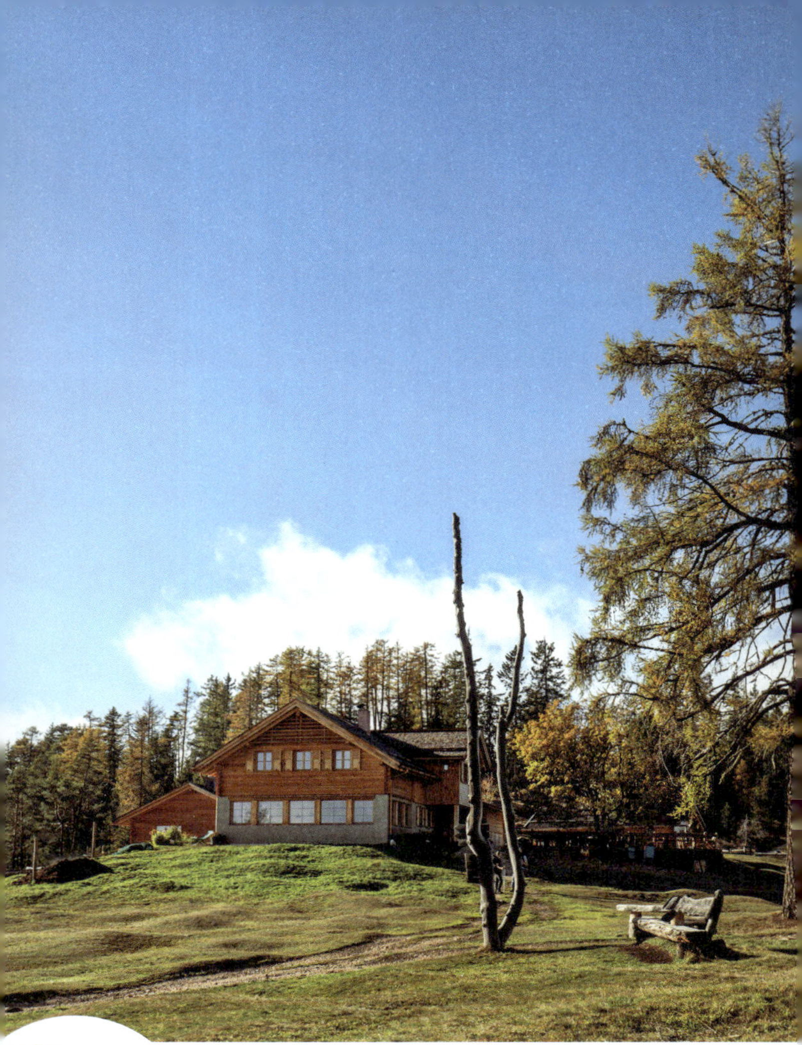

22 Rundwanderung zur Tschafonhütte

öffentlicher Parkplatz unterhalb vom Gasthof Schönblick

8,6 km

3:20 h

570 m

570 m

mittel

von Blumau Richtung Seiser Alm, dann rechts Richtung Tiers. Dieser Straße 7,5 km folgen, bei der Beschilderung Schönblick links abbiegen bis zum Parkplatz

»Gemütliche Wanderung im Gebiet des Naturparks Schlern-Rosengarten«

Südwestlich des Schlernmassivs erhebt sich der Tschafon. Er ist über schöne Wanderwege leicht zu erreichen und bietet eine einmalige Aussicht auf die umliegende Bergwelt.
Im gesamten Schlerngebiet gibt es zahlreiche Sagen, die der Volksmund von Generation zu Generation übertragen hat. Und daher gibt es auch vom Tschafon eine Sage, die behauptet, dass der Berg einmal ein Hexenberg war. Hier sollen sich die Hexen mit dem Teufel in Person getroffen haben; dieses Treffen fand vorwiegend in den Vollmondnächten statt. Sie feierten hier ihre Feste, aßen, tranken, tanzten und spielten Karten. Heute noch ist der Tschafon ein Ort, an dem sich die Naturgewalt kraftvoller als irgendwo anders in den umliegenden Dolomiten zeigt. Hier gehen verhältnismäßig viele Gewitter nieder und die Blitze schlagen zahlreich ein.

Die Tschafonhütte unterhalb der bewaldeten Völseggspitze

Wegbeschreibung: Vom Parkplatz wandert man kurz hinauf zum Gasthof Schönblick und hält sich dort links auf Weg Nr. 7, wahlweise auch 7A. Bei der nächsten Wegverzweigung im Wald hält man sich (in beiden Fällen) rechts auf Markierung 4. Nun wird das Gelände deutlich steiler, aber auf immer gutem Weg steigt man in Kehren hinauf durch das Wassertal. Bald darauf ist das weite Wiesengelände der gastlichen Tschafonhütte erreicht. Nach einer Rast auf der Tschafonhütte setzt man den Abstieg auf Markierung 4 fort (man meide den Zufahrtsweg) bis zum Wuhnleger mit seinem hübschen Teich. Dort biegt die Markierung 4 scharf nach rechts ab. An der nächsten Weggabelung setzt man geradeaus auf Markierung 4B fort bis zu einem Bildstock kurz vor dem Ansitz Velseck. Dort hält man sich rechts auf dem Weg mit der Markierung 6 und gelangt zurück zum Ausgangspunkt.

Gemütliche Sitzbank auf der Völseggspitze

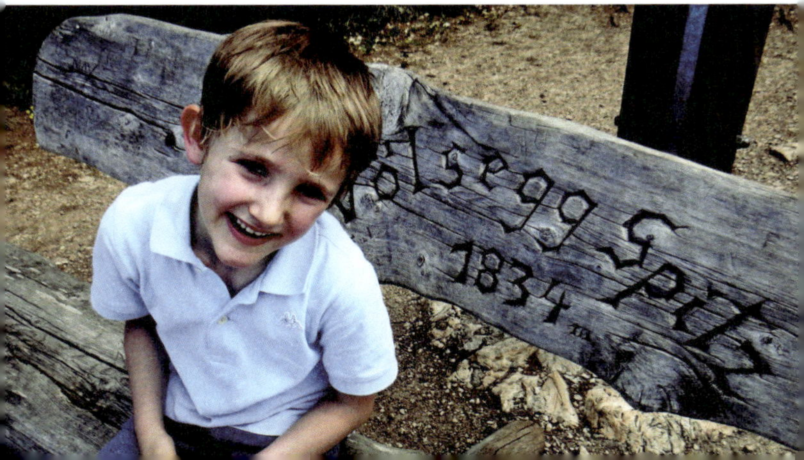

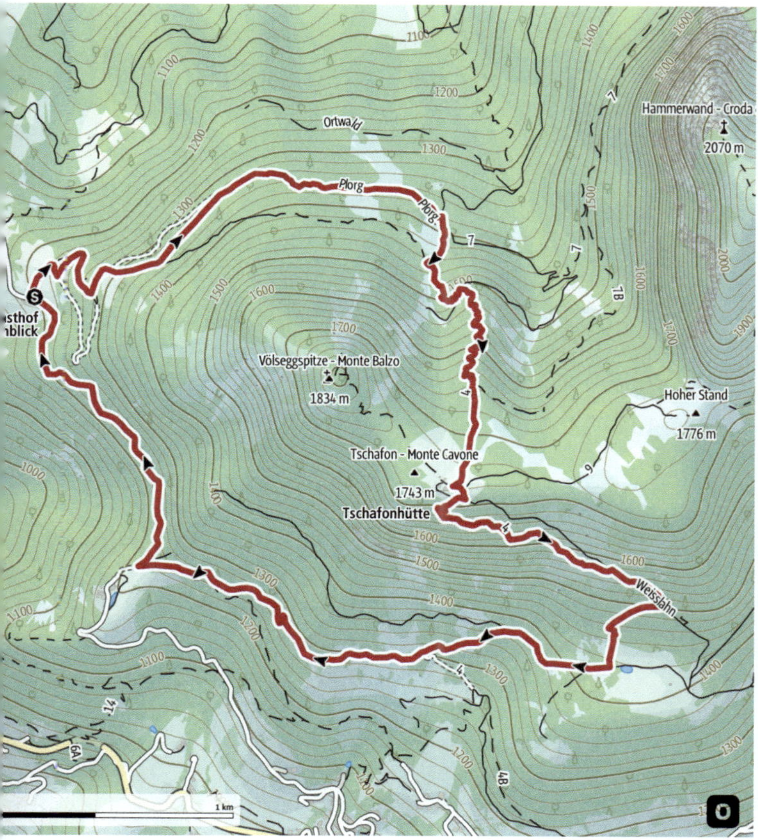

TIPP

Falls noch Zeit übrig ist, empfiehlt es sich, von der Tschafonhütte direkt zur Völseggspitze weiterzuwandern. Nach einer Gehzeit von etwa 20 Minuten erreicht man die Spitze, von der sich ein traumhafter Blick auf Völs am Schlern, das Eisacktal und das Tierser Tal bietet.

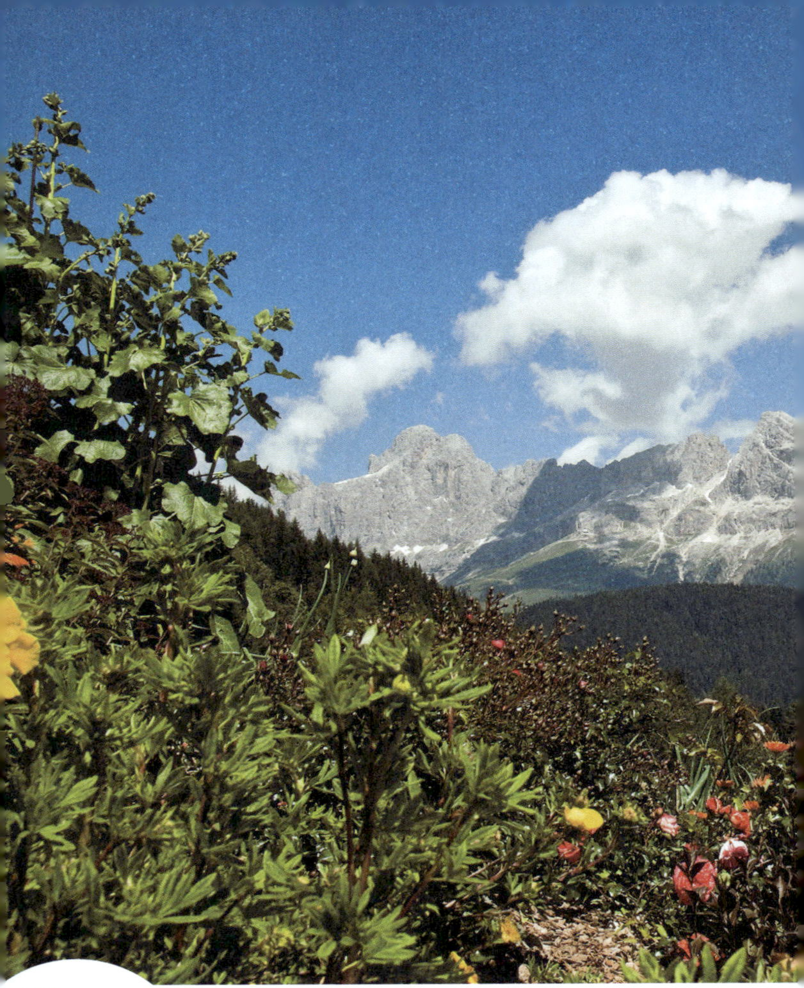

23 Panoramarunde Rosengarten

„Eine relativ kurze Wanderung, die herrliche Aus- und Rundblicke bietet"

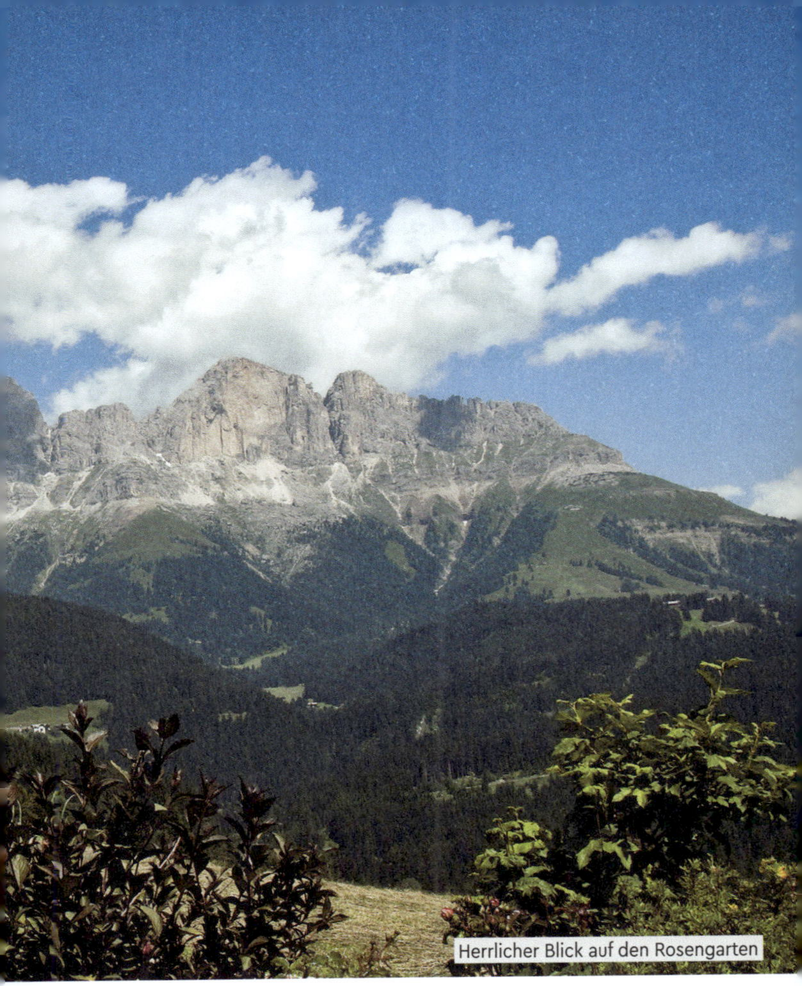

Herrlicher Blick auf den Rosengarten

Frommeralm

5,5 km

2 h

400 m

400 m

mittel

in das Eggental über Welschnofen bis kurz unterhalb des Karerpasses; dann links ab Richtung Nigerpass bis zur Frommeralm

Bei dieser wunderschönen, abwechslungsreichen Rundwanderung mitten in den Dolomiten genießt man eine tolle Aussicht auf den sagenumwobenen Rosengarten. Der Laurinsage zufolge ist der Name von einem Garten voller Rosen abzuleiten, den König Laurin mit einem Fluch belegte, sodass zur Tag- und Nachtzeit niemand den wunderschönen Garten zu sehen bekäme. Er vergaß jedoch die Dämmerung – und dort erstrahlt der Rosengarten in wunderschönen Rottönen, ein Phänomen, das als „Enrosadira" bekannt ist.

Wegbeschreibung: Von der Frommeralm folgt man der Markierung 1A in Richtung Süden, also in Richtung Latemarmassiv. Beim Gasthof Jolanda biegt man nach links auf die Markierung 16 ab und folgt dieser durch schütteren Wald und weite Wiesenflächen wenig steil aufwärts. Bei der nächsten Wegverzweigung geht man geradeaus weiter in Richtung Kölner Hütte. Jetzt geht's etwas steiler hinauf zur Kreuzung mit der Markierung 1, wo man sich links hält und das „Mountain Cinema Eggental" erreicht. Der höchste Punkt ist erreicht und leicht abwärts gelangt man zur Messnerjochhütte. Hier geht man ein kurzes Wegstück zurück, hält sich an der ersten (Mark. 1B) und zweiten Wegverzweigung (Mark. 15) rechts und gelangt zurück zum Ausgangspunkt.

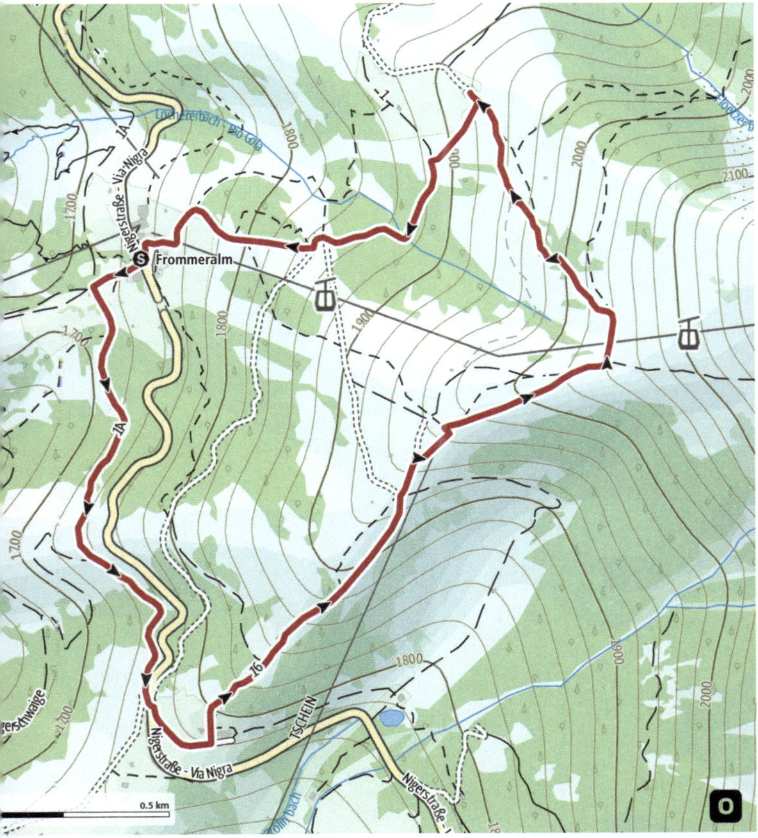

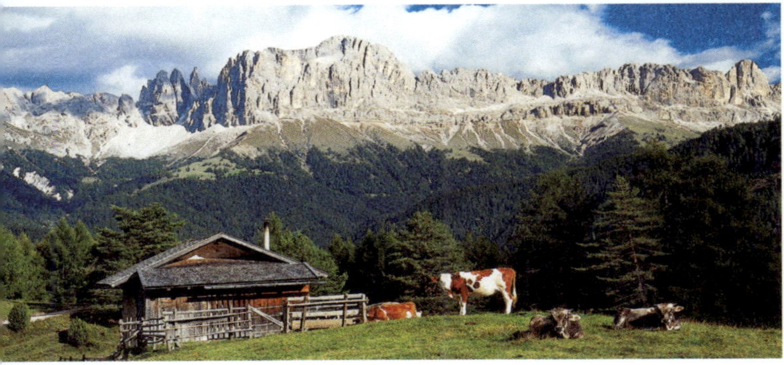

Almidylle unterhalb des Rosengartens

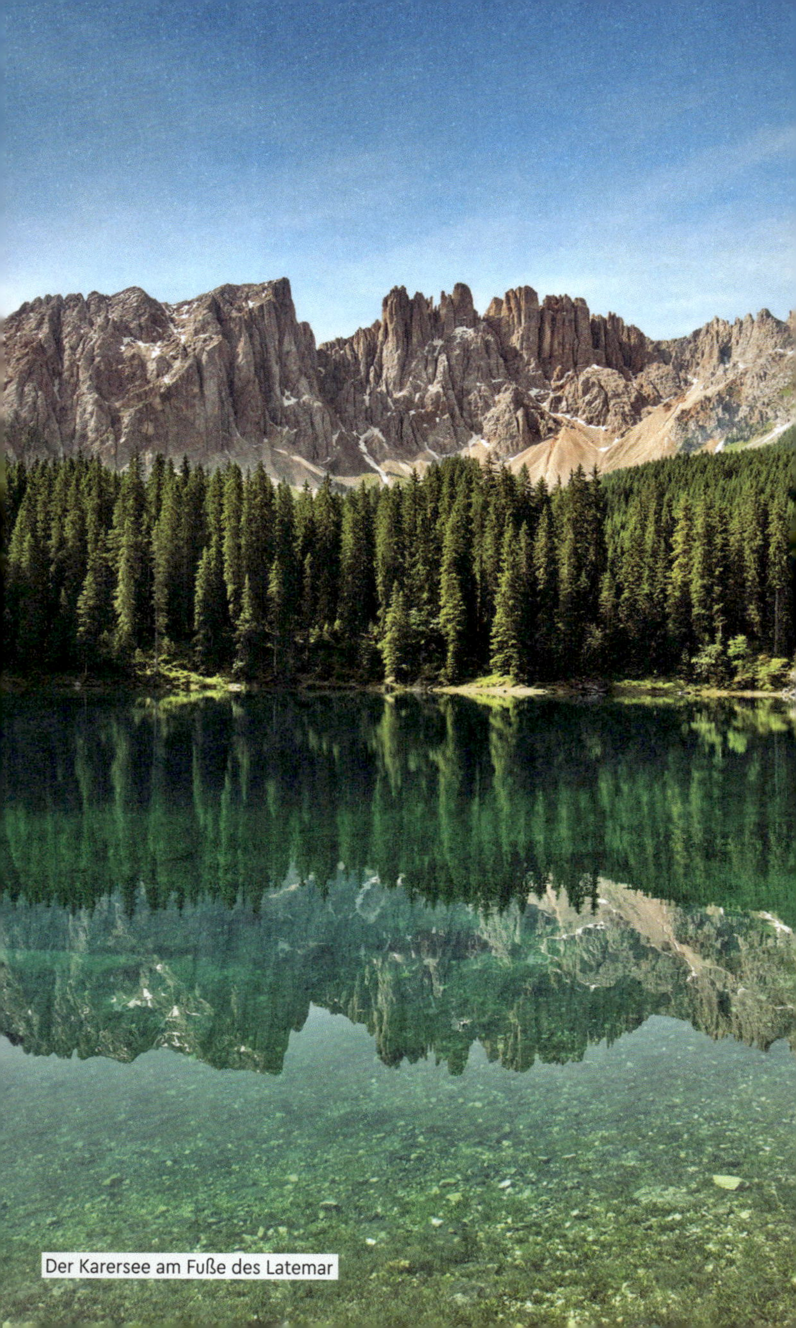

Der Karersee am Fuße des Latemar

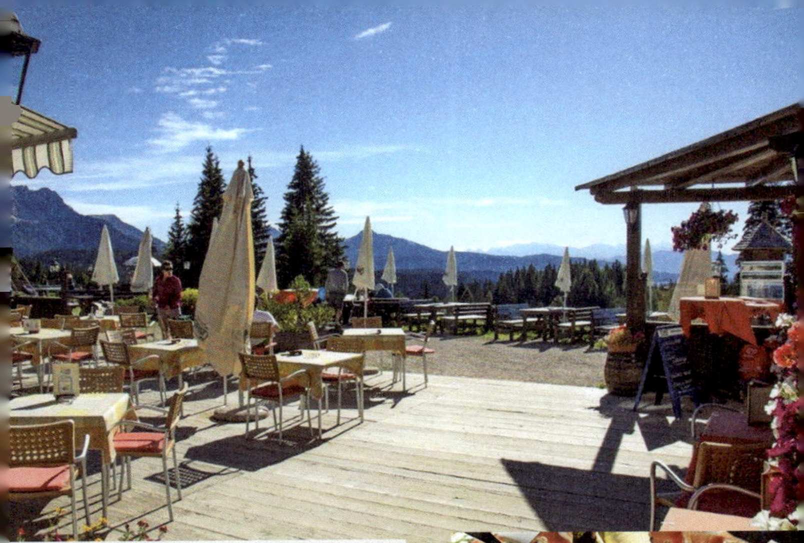

FROMMERALM

- Familiär geführter Alpengasthof auf 1750 m
- Der Treffpunkt und Zwischenstopp inmitten herrlicher Bergwiesen am Fuße des Rosengartens
- Die gutbürgerliche Küche mit einheimischen Gerichten und italienischen Spezialitäten sorgen für leibliches Wohl und kulinarischen Genuss
- Sonnige Panoramaterrasse und Kinderspielplatz laden zum Verweilen ein!
- Auch für Familienfeiern und Firmenessen geeignet

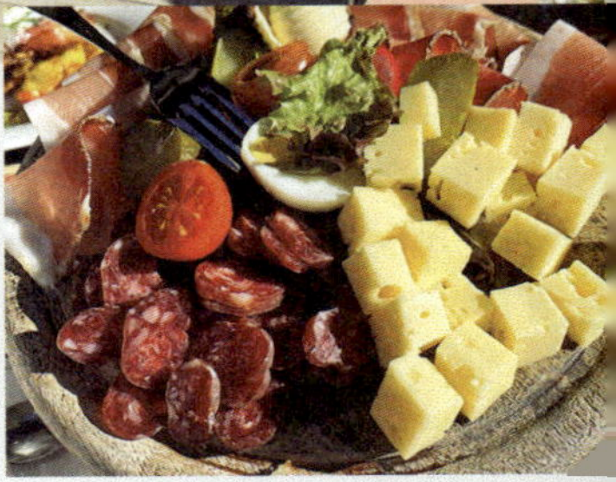

ALBERGO MALGA FROMMER ALM ALPENGASTHOF

Nigerstraße 14
I-39056 Welschnofen

T +39 0471 612184
info@frommeralm.it
www.frommeralm.it

Ganzjährig geöffnet
Mittwoch Ruhetag, von Mitte Juli bis Anfang September kein Ruhetag

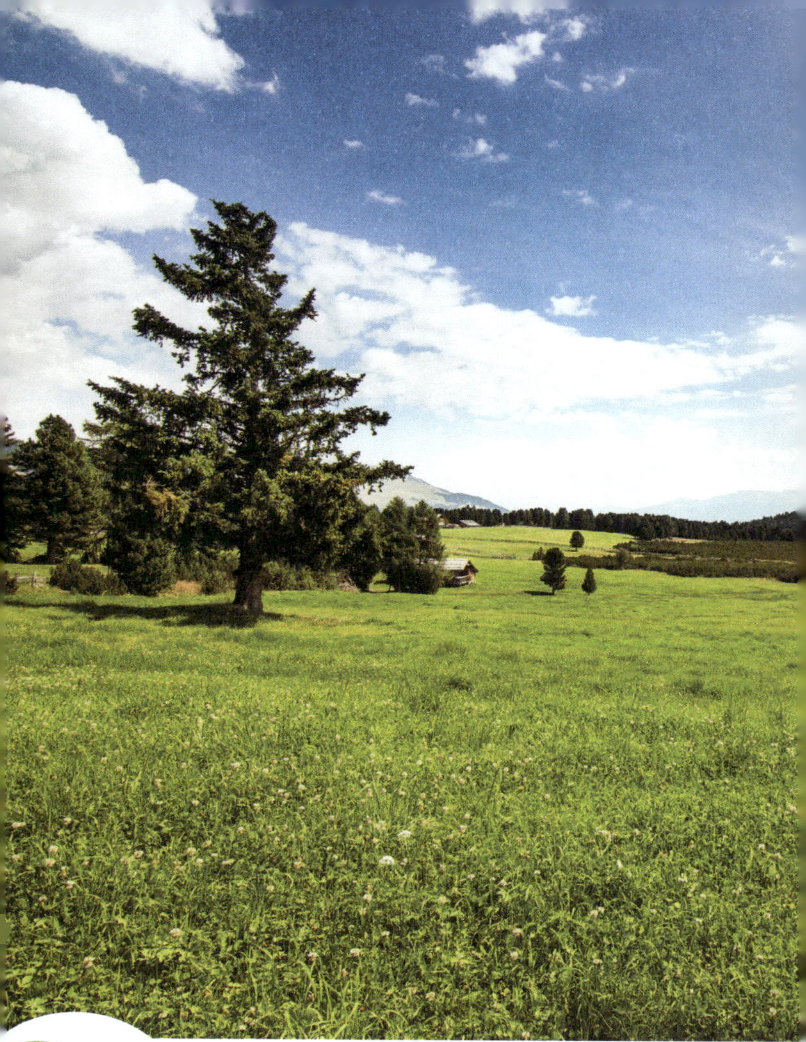

24 Auf die Hochfläche der Villanderer Alm

Parkplatz beim Hotel Samberger Hof

4,6 km

2 h

150 m

150 m

leicht

über Klausen nach Villanders, dort folgt man der Beschilderung „Villanderer Alm“

„Leichte Rundwanderung auf einen der schönsten Aussichtsplätze Südtirols“

Die Villanderer Alm im Eisacktal ist mit einer Fläche von rund 20 Quadratkilometern eine der größten und schönsten Hochalmen des Landes. Diese Rundwanderung auf den Hochmooren der Villanderer Alm führt durch Latschenkiefernwälder und bietet eine fantastische Fernsicht auf die Dolomiten.

Wegbeschreibung: Wir folgen der geteerten Straße bis zur Abzweigung rechts und biegen in die Forststraße zur Gasserhütte (beschildert) ein. Die erste halbe Stunde lässt uns zackig steil an Höhe gewinnen, dann werden wir mit einem einzigartigen Weitblick in die umliegende Bergwelt der Dolomiten belohnt. Nach etwa einer Dreiviertelstunde erreichen wir die Gasserhütte (1744 m; bis hierher eventuell auch mit dem Auto). Unser Weg führt uns in circa einer halben

Das Naturparadies der Villanderer Alm

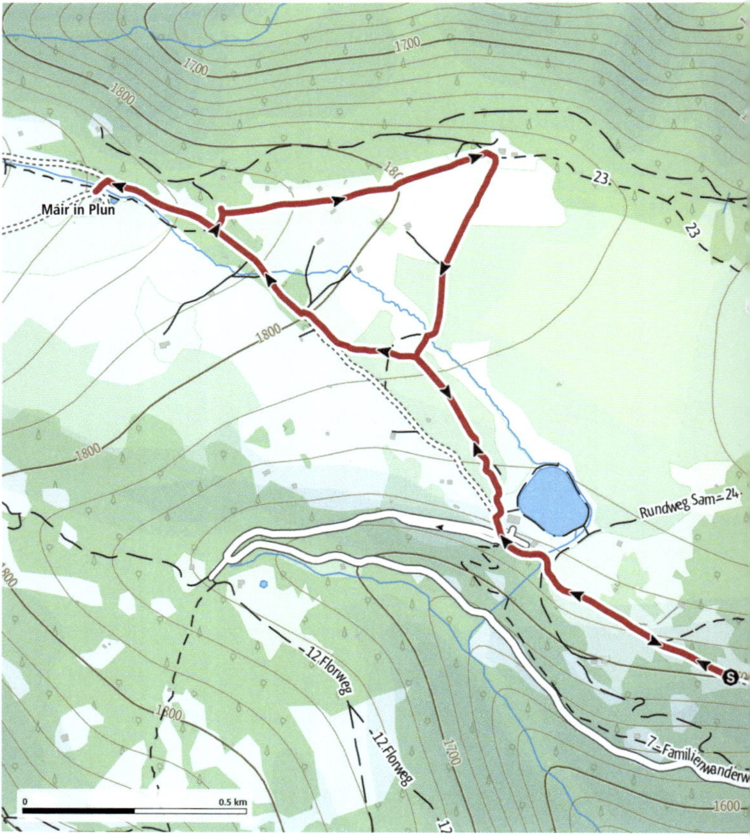

Stunde weiter durch die Latschenfelder der Hochebene bis zur Jausenstation Mair in Plun (1860 m). Dort haben wir den Zenit unserer Wanderung erreicht und biegen rechts in Richtung „Rinderplatzhütte" (1799 m) ab. Nach einer guten Viertelstunde kommen wir dort an und queren nun nochmals die Latschenfelder und sumpfigen Hochmoore auf einem guten Steig. Die Gasserhütte ist bald erreicht und wir steigen auf dem gleichen Weg zum Parkplatz hinab.

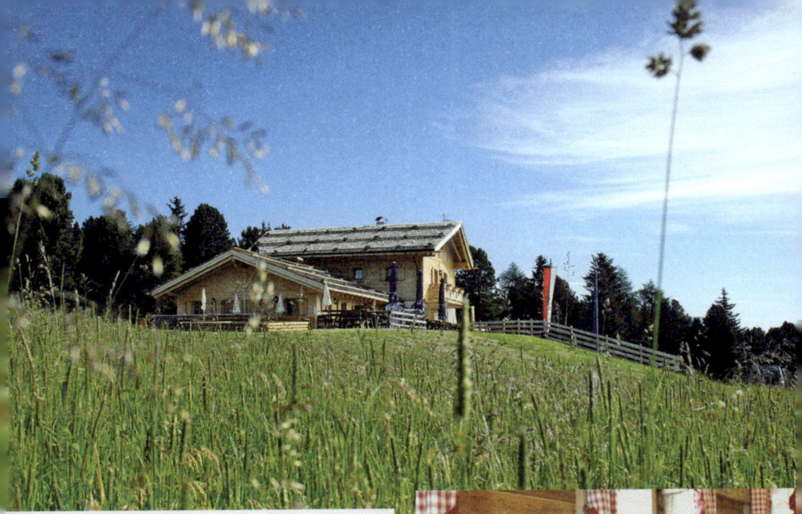

MAIR IN PLUN

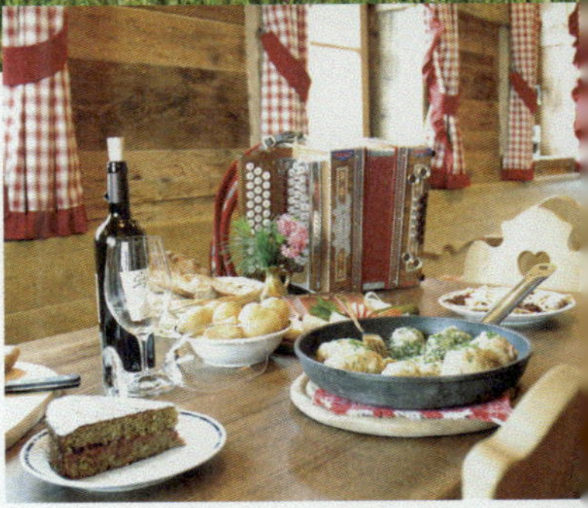

Unsere Hütte befindet sich, eingebettet in die einzigartige Bergwelt, auf der Villanderer Alm im Eisacktal.
Familien, Wanderer und Genießer sind bei uns stets herzlich willkommen und wir verwöhnen sie gerne auf unserer Sonnenterrasse mit unseren Produkten vom eigenen Bauernhof.
Während Sie bei einer Tasse Kaffee entspannen, können sich die kleinen Gäste auf dem großen Spielplatz mit Trampolin austoben und dem Streichelzoo einen Besuch abstatten.

Mair in Plun Hütte
Villanderer Alm
I-39040 Villanders

M +39 335 474625
info@mairinplun.com
www.mairinplun.com

Öffnungszeiten
Sommer: Mitte Mai bis Anfang November, Dienstag Ruhetag (außer Juli/August)
Winter: 26. Dez. bis Mitte März, Dienstag und Mittwoch Ruhetag

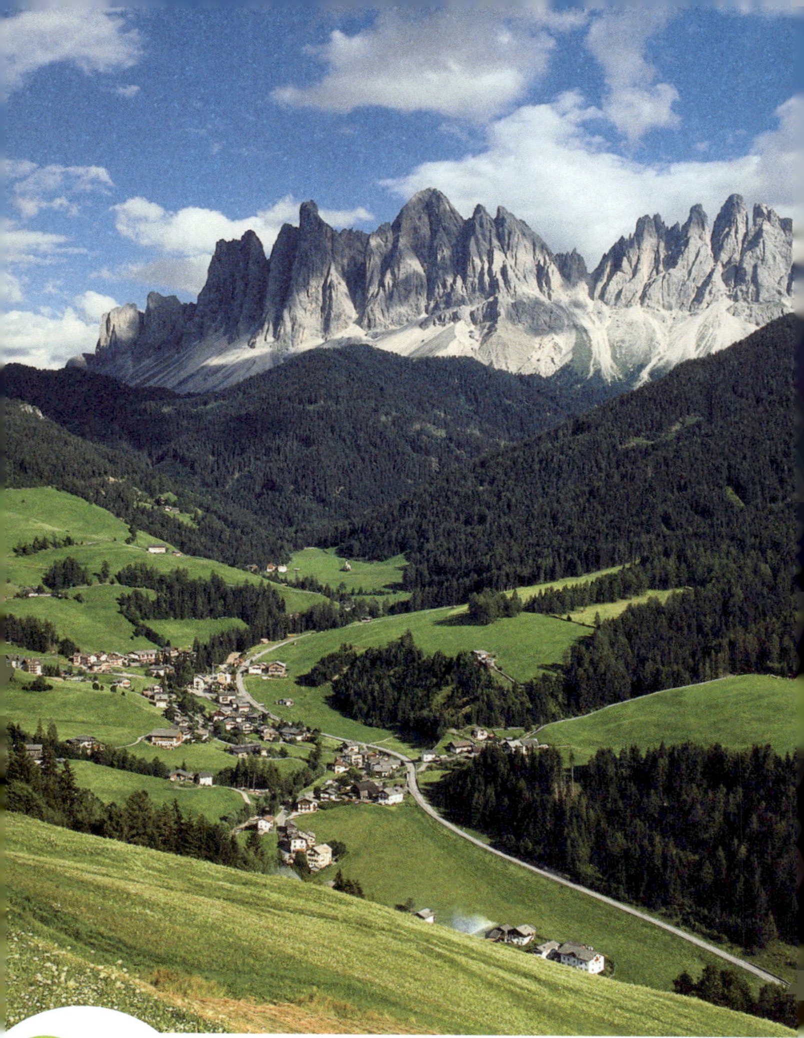

25 Rundwanderung im Talschluss von Villnöß

Zans, Parkplatz (kostenpflichtig)

8 km

2:45 h

382 m

382 m

mittel

von Klausen in Richtung Brixen bis zur Beschilderung Villnöß (rechts); dieser bis zum großen Zanser Parkplatz folgen

»Von der Zanser Alm zur Geisleralm und über die Duslerhütte zurück«

Diese gemütliche Wanderung auf dem Adolf-Munkel-Weg, der wohl zu den schönsten Höhenwegen in den Dolomiten zählt, verläuft am Fuße der spektakulären Nordwände der Geislergruppe entlang zu malerischen, idyllisch gelegenen Almen und man genießt dabei immer wieder die einmalige Naturlandschaft des Naturparks Puez-Geisler.

Wegbeschreibung: Ausgangspunkt dieser zum Großteil leichten Wanderung ist die Zanser Alm, wo unzählige Wanderwege beginnen. Vom großen Parkplatz (ca. 1675 m) folgt man dem Weg bzw. der Forststraße Nr. 33 in Richtung Glatschalm; bei der Abzweigung wandert man leicht rechts weiter. Vom Ende der Forststraße bei der Glatschalm (1902 m) führt der Weg mit der Markierung 36 zur Geisleralm. Dieser Weg geht

Das Villnößtal mit den Geislerspitzen

leicht bergauf durch den Wald und führt direkt zum bekannten Adolf-Munkel-Weg, Nr. 35. Hier auf 1993 m hat man die Geislerspitzen direkt vor sich. Nun folgt man rechts dem Waldweg Nr. 35 relativ eben, leicht bergauf und bergab. Bei der nächsten Abzweigung auf 1956 m hält man sich rechts und schlägt den Weg Nr. 36A zur Geisleralm ein. Gleich nach der kleinen Schlucht folgt nochmals eine Abzweigung, wo man später auf dem Rückweg rechts zur Duslerhütte kommt. Jetzt hält man sich hier aber links und gelangt nach ungefähr einer Stunde und 45 Minuten Gehzeit auf die schöne Geisleralm (1996 m). Hier kann man bei einer ausgiebigen Rast die herrliche Landschaft auf die Geislerspitzen und die Aferer Geisler genießen. Der Rückweg folgt zunächst auf demselben Weg Nr. 36 bis zur Abzweigung, wo man jetzt aber links bergab zur Duslerhütte (1782 m) absteigt. Weiter geht es über den teilsmarkierten Pfad Nr. 36 durch den Schwarzwald zum Ausgangspunkt zurück.

TIPP

Das Naturparkhaus in St. Magdalena in Villnöß ist zentrale Anlaufstelle für Informationen rund um den Naturpark Puez-Geisler.

Scan mich!

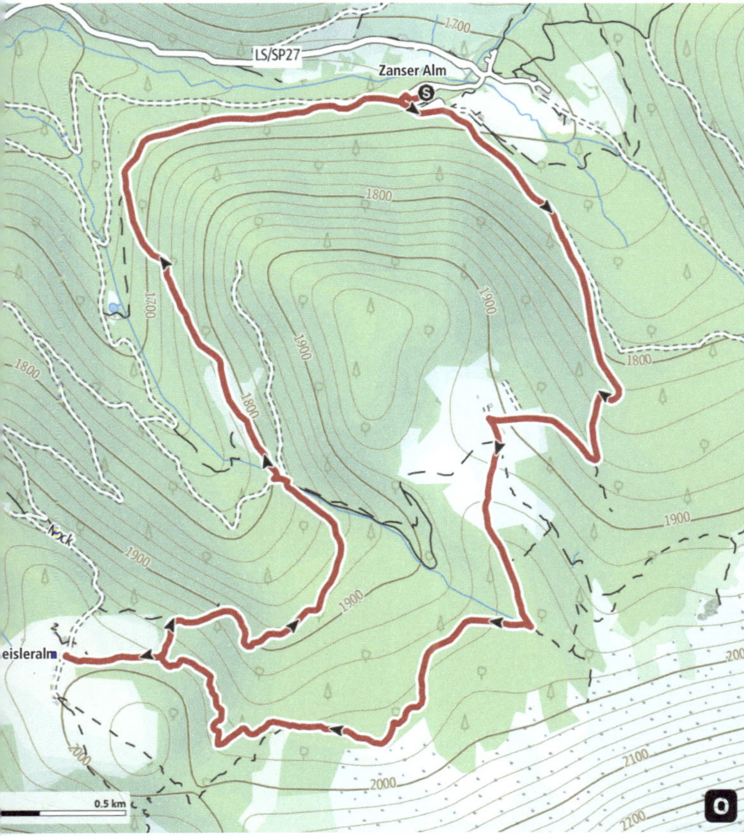

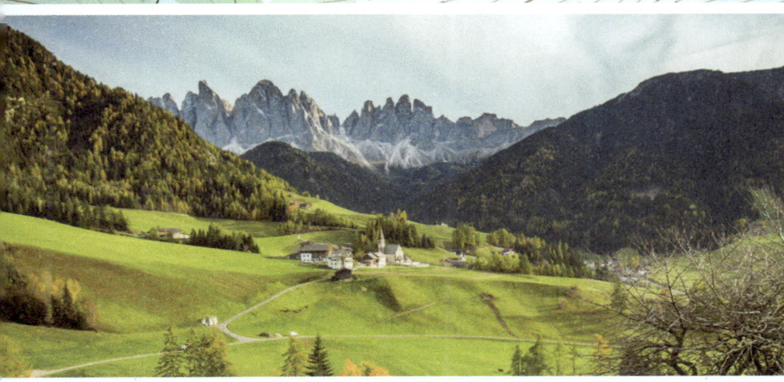

St. Magdalena in Villnöß

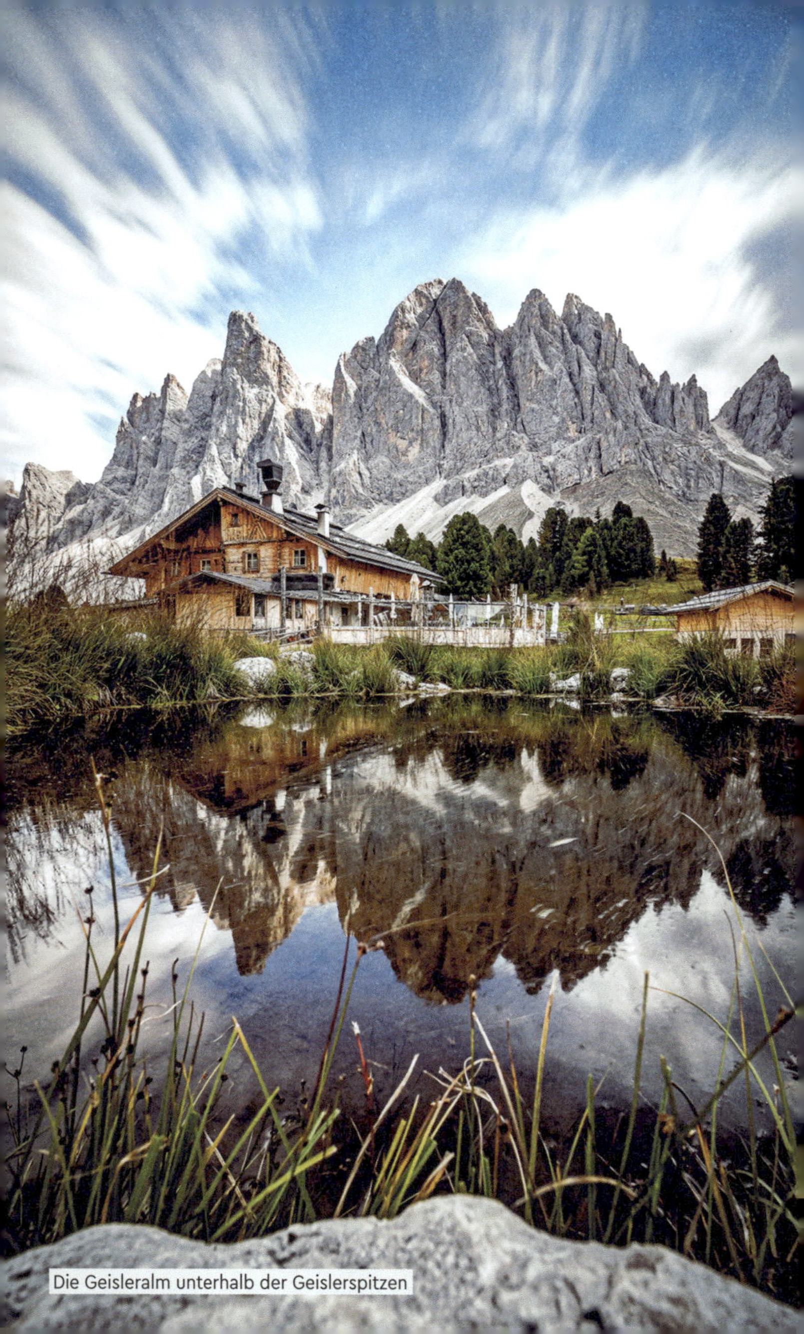

Die Geisleralm unterhalb der Geislerspitzen

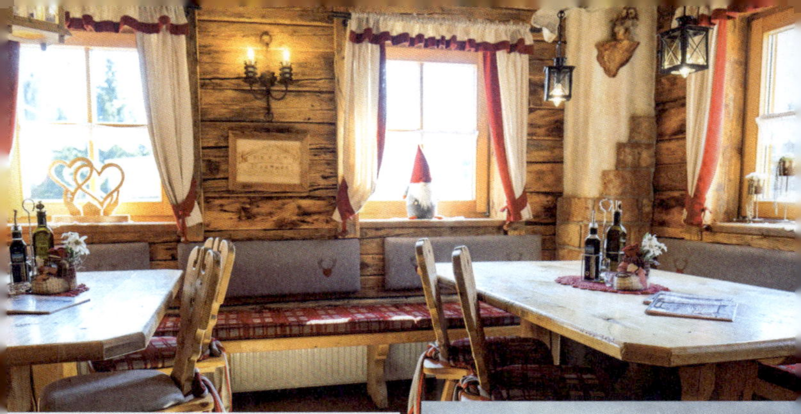

Typisch

Geisleralm

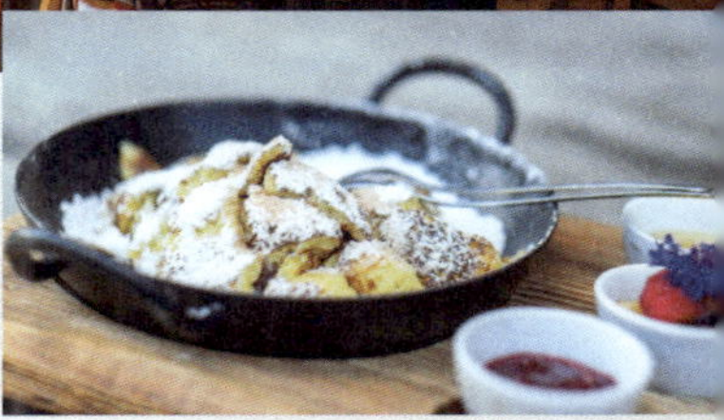

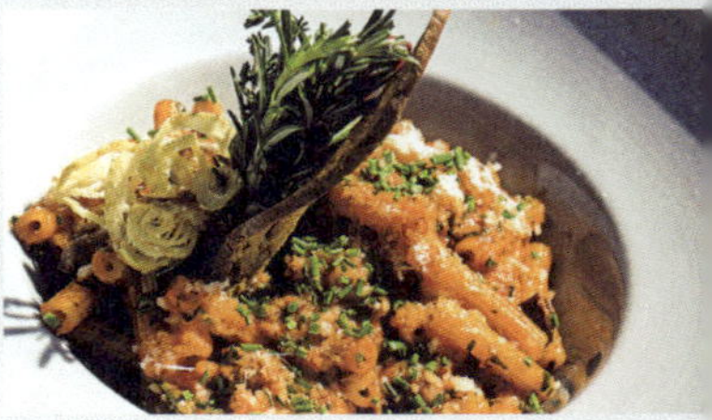

Erleben Sie den Geschmack der Berge mit einem spektakulären Blick auf die Geislerspitzen und unsere atemberaubende Bergwelt im UNESCO Weltnaturerbe Puez-Geisler.

Die Geisleralm überrascht mit raffinierten Gerichten aus natürlichen und regionalen Produkten. Unser Küchenteam zaubert jeden Tag frische, bodenständige und doch innovative Spezialitäten, die vom Serviceteam liebevoll serviert werden.

Einfach – Gut – Authentisch

Geisleralm
St. Johann 2
I-39040 Villnöss

M +39 333 7569029/339 6044685
T +39 0472 840506
info@geisleralm.com
www.geisleralm.com

Öffnungszeiten
Sommer: Mai bis November
Montag Ruhetag
Winter: 26. Dez. bis Mitte März
Dienstag und Mittwoch Ruhetag, außer an Ferienzeiten oder Feiertagen ist kein Ruhetag

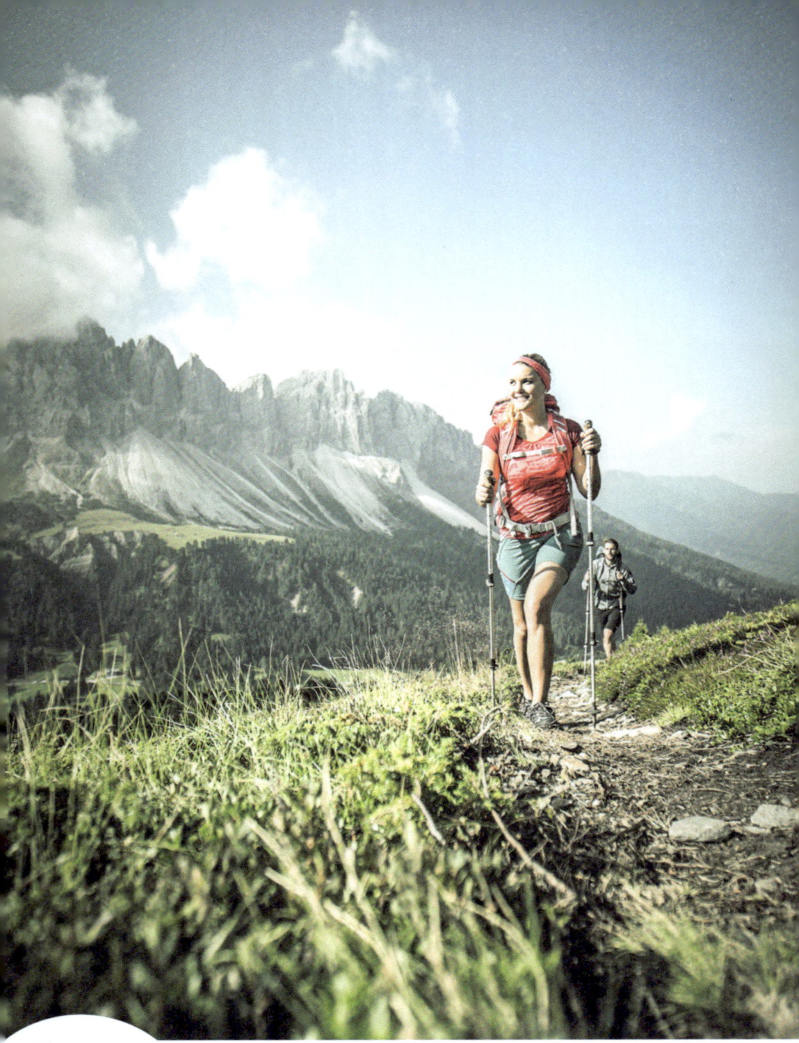

26 Der Woodywalk auf der Plose

Bergstation der Kabinenbahn Plose

6,1 km

1:55 h

226 m

226 m

leicht

nach Brixen und über Milland nach St. Andrä zur Talstation der Kabinenbahn Plose, Parkplatz

»Ein Berg für Jung und Alt, für Groß und Klein«

Die Plose, nahe der Bischofsstadt Brixen, ist ein großes Wandergebiet, das eine Vielzahl an Freizeit- und Wandermöglichkeiten bietet, inklusive einer wunderschönen Natur und einer überwältigenden Aussicht auf die Bergwelt der Dolomiten.

Wegbeschreibung: Nach der Bergfahrt mit der Kabinenbahn halten wir uns rechts und folgen der Markierung 17. Bei der ersten Weggabelung halten wir uns wieder rechts und wandern eben oder leicht ansteigend durch offenes Gelände. Die Aussicht auf die Dolomiten mit Peitlerkofel sowie Aferer und Villnösser Geisler ist geradezu atemberaubend. Bei der nächsten Weggabelung halten wir uns links und folgen der Markierung 17A. Vorbei an der aufgelassenen alten Rossalm

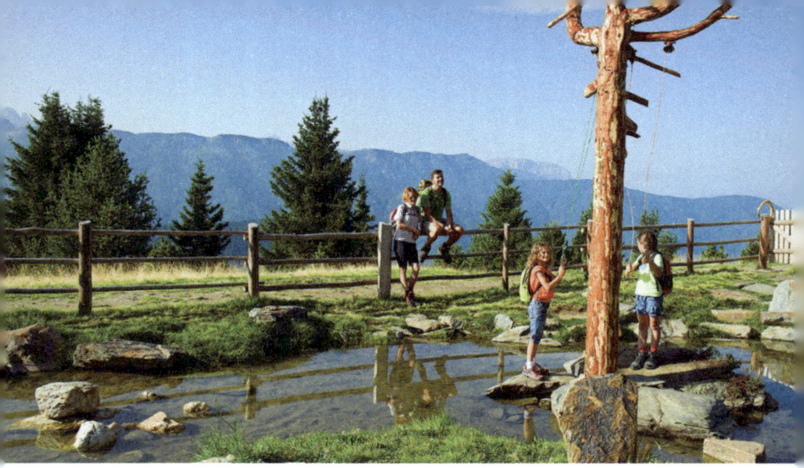

erreichen wir schließlich die „neue" Rossalm, wo wir einkehren und das nach wie vor grandiose Panorama genießen können. Entlang des Weges gibt es zahlreiche attraktive Stationen, die für Abwechslung sorgen und zum Spielen und Ausruhen einladen, wie zum Beispiel: den Ploseblitz, den Glockensee oder den Nicht-den-Boden-berühren-Weg, das Waldtelefon, den Kletterbaum mit Ochsenkarren und den Peitlerthron, Kneippanlage, Riesenliegen oder Wikingerschiff. Rückweg in leichtem Gefälle über den breiten Wirtschaftsweg (ohne Markierung).

TIPP

Einfach ein Erlebnis der besonderen Art: Mit einem Mountaincart die 9 km lange Strecke von der Bergstation der Kabinenbahn Plose bis zur Talstation hinunter zu sausen. Ein herrliches Vergnügen für Groß und Klein!

Scan mich!

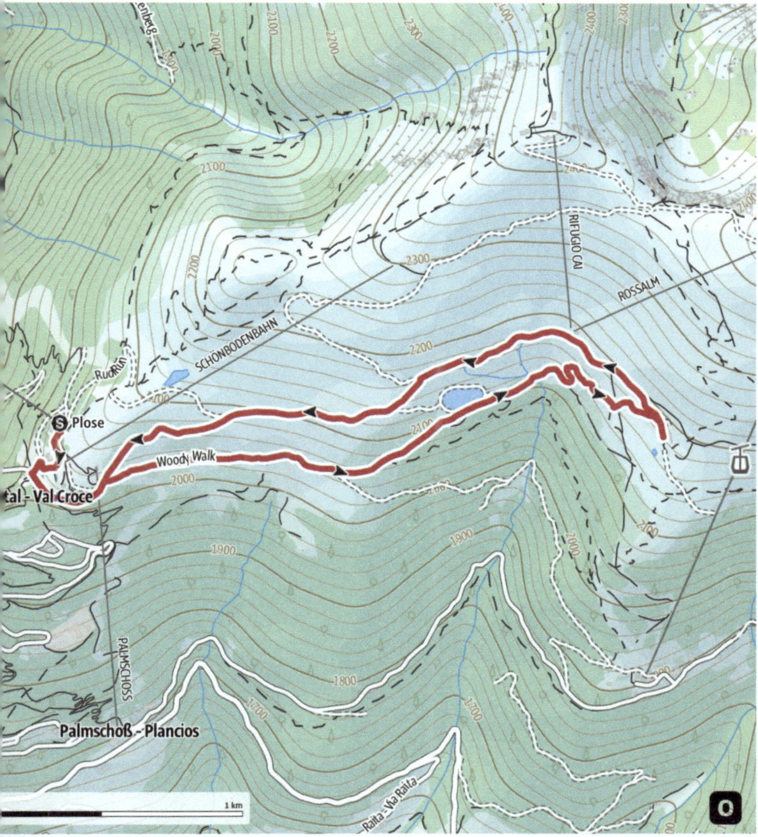

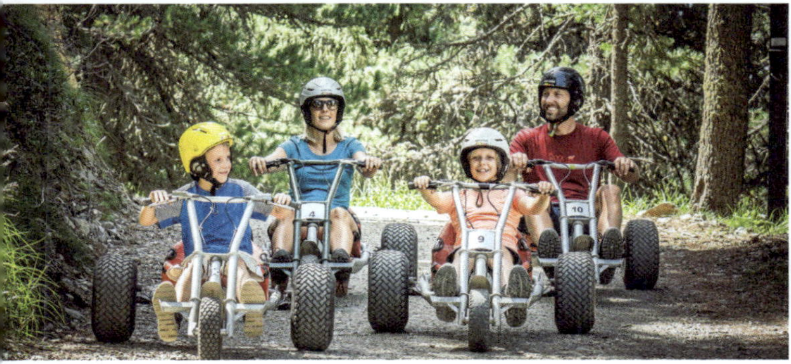

Ein Riesenspaß für die ganze Familie!

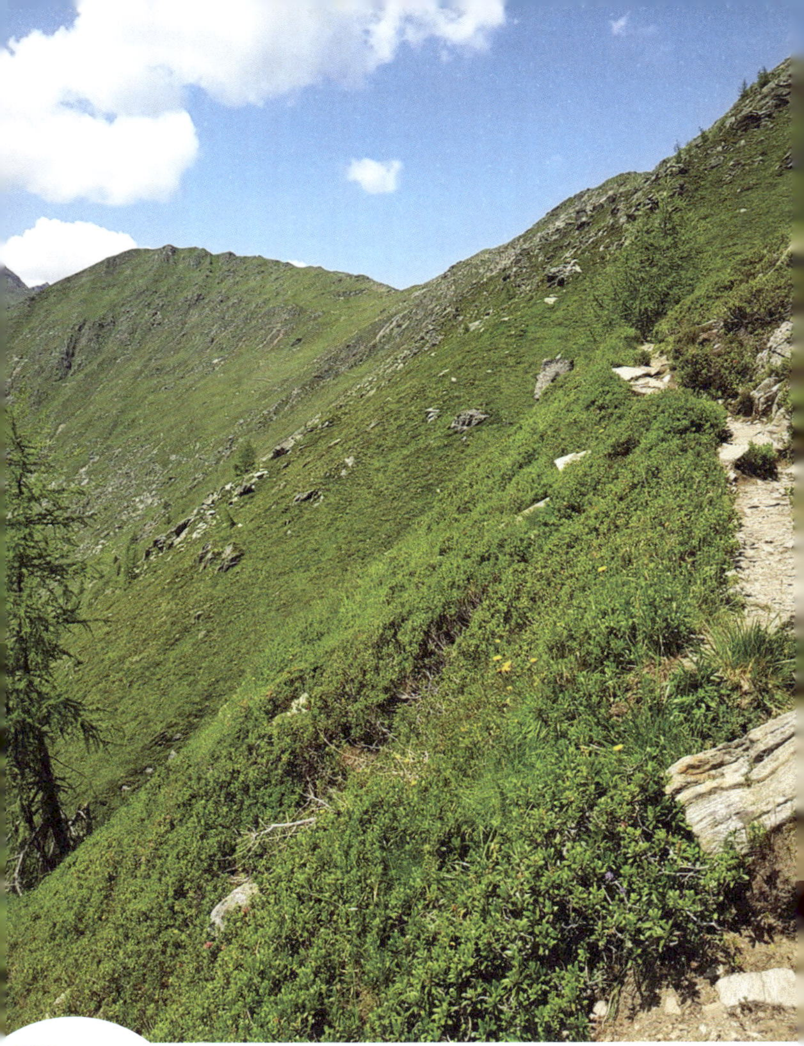

27 Von Meransen durch das Altfasstal

Hinterwalder Höfe, Parkplatz (kostenpflichtig)

10,2 km

2:50 h

350 m

350 m

mittel

über das Pustertal bis nach Mühlbach, dort der Beschilderung „Meransen" folgen bis zu den Hinterwalder Höfen am Beginn des Altfasstales

» Traumhafte, sonnige Almwanderung in den Pfunderer Bergen «

Das Altfasstal liegt bei Meransen inmitten der grünen Pfunderer Berge und ist ein wunderschönes Almtal mit einer traumhaften, idyllischen Naturlandschaft. Der Weg durch das Tal führt entlang des klaren Altfassbaches und wird gesäumt von wunderschönem Mischwald, satten Almwiesen mit bunten Alpen- und Wiesenblumen, alten Hütten und den mächtigen Gipfeln der Pfunderer Berge, die sich am Talschluss in die Höhe recken. Bei der Wanderung begegnet man außerdem drei bewirtschafteten Almen: der Großberghütte, der Pranter-Stadel-Hütte und zum Schluss der Wieserhütte.

Wegbeschreibung: Vom Parkplatz (ca. 1530 m) folgen wir der für den Straßenverkehr gesperrten Forststraße in Richtung Großberghütte (1644 m), die wir in weniger als einer Stunde

Der Weg ins Altfasstal

erreichen. Der Weg ist anfangs leicht abschüssig und führt uns durch einen malerischen Mischwald in das eigentliche Altfasstal. Bei der Hütte haben wir zum ersten Mal einen freien Blick und können fast die ganze Wanderung überschauen. Rechts erhebt sich der Gitsch (2510 m), der dem nahen Skigebiet den Namen gibt, und links das Gaisjoch (2641 m). Von nun an folgt Alm auf Alm; die meisten Almen sind nicht bewirtschaftet. Nach etwa eineinhalb Stunden erreichen wir das Ende unserer Wanderung, wobei wir uns entscheiden müssen, welche Hütte unser Ziel sein soll: die Wieserhütte (1850 m) oder die Pranter Alm, oft auch Pranter-Stadel-Hütte genannt (1833 m). Der Rückweg verläuft über den Hinweg. Am Eingang des Altfasstals (2 km von Meransen entfernt) befindet sich eine neue Almkneippanlage. Die 300 Meter lange Watanlage bei der Großberghütte steht Kneippern und Gesundheitssuchenden zur Verfügung.

TIPP

Wer noch Lust und genügend Energie übrig hat, kann die Wanderung noch verlängern und bis zum Großen Seefeldsee (2271 m; ab Pranter-Stadel-Hütte ca. 1½ Std.) weiterwandern.

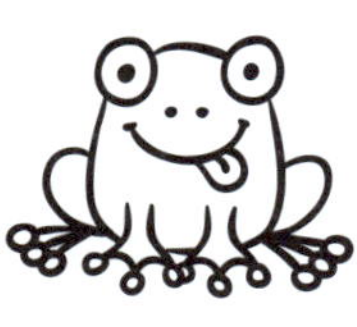

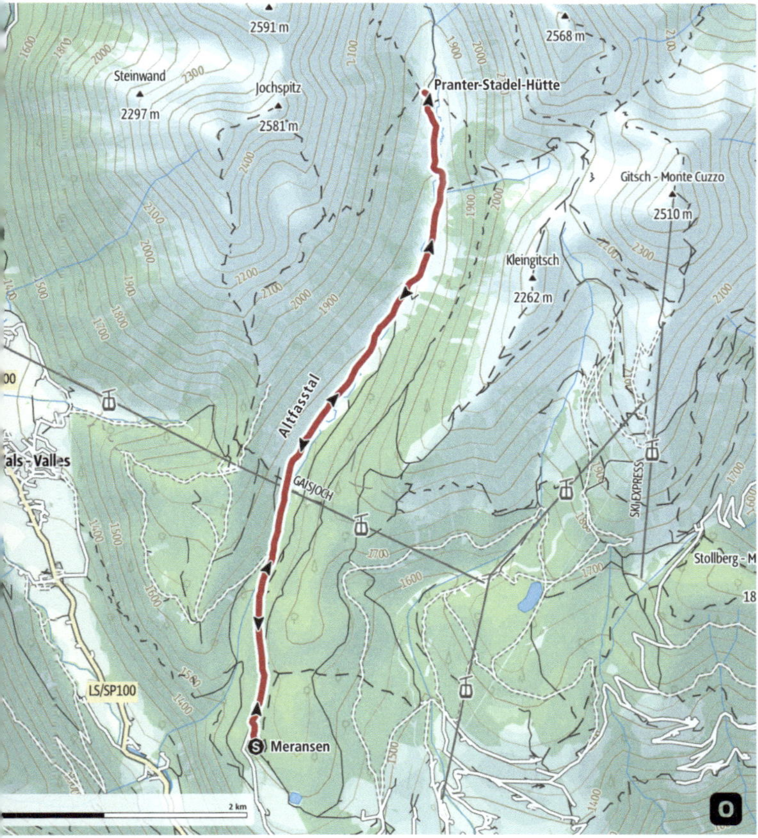

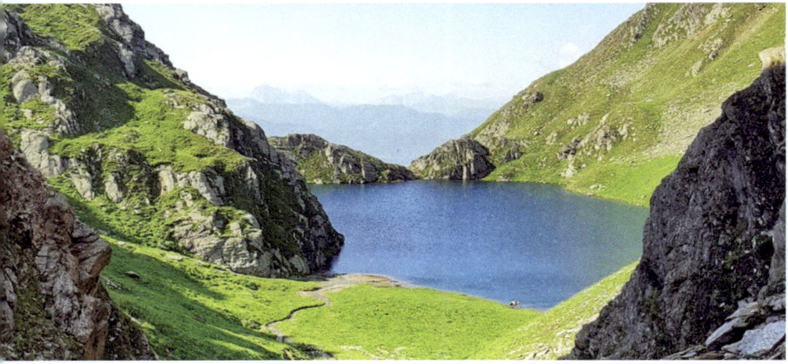

Der Große Seefeldsee

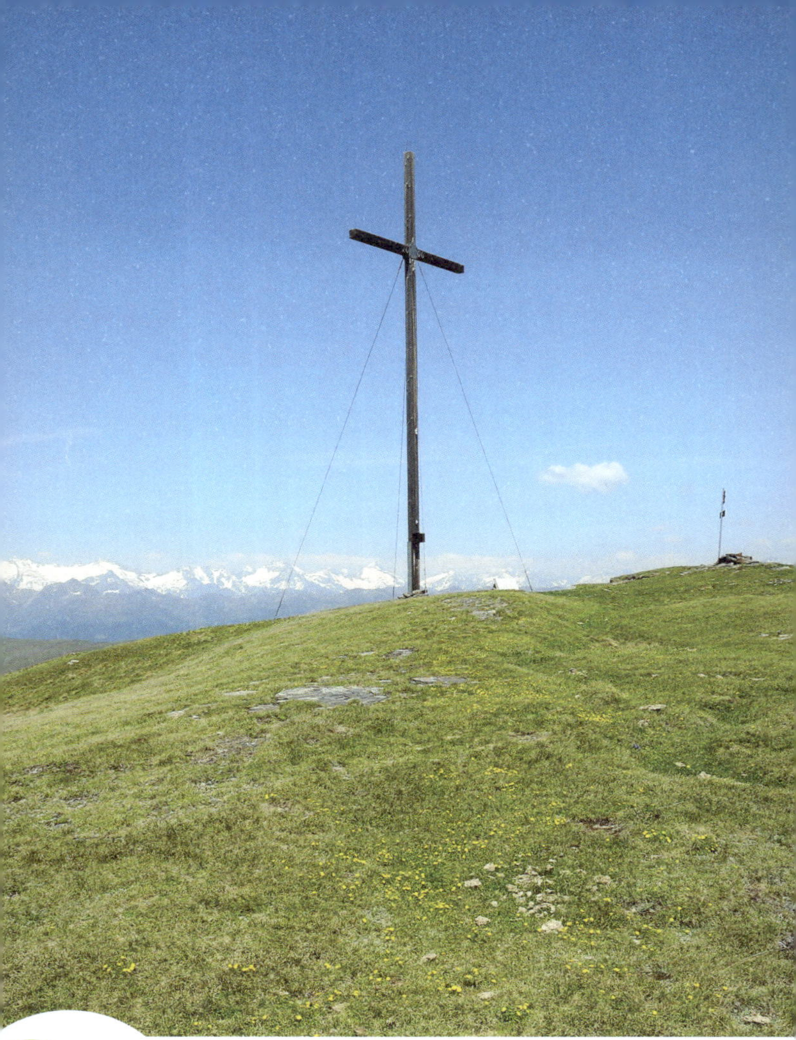

28 Auf den Maurerberg

Wanderparkplatz Pé de Börz

9,2 km

3:15 h

546 m

546 m

mittel

vom Pustertal durch das Gadertal nach Untermoi oder vom Eisacktal über das Würzjoch

»Leichtes Wanderziel im Tourengebiet des Würzjochs«

Der wuchtige Maurerberg gehört zu den nördlichen Randbergen der Dolomiten. Aufgrund ihrer Gehzeit und der geringen Steigung des Anstiegs ist diese Bergwanderung vor allem wenig tüchtigeren Gehern und Langschläfern zu empfehlen.

Wegbeschreibung: Die Wanderung beginnt am Parkplatz Pé de Börz an der Würzjochstraße. Hier der Markierung 1 folgend auf breitem Güterweg durch Lärchen- und Zirbenwald und zuletzt im Almgelände hinauf zur Maurerberghütte. Von da weiterhin der Markierung 1 und ein Stück einem Lift folgend über den Grasrücken hinan zur sanften Kuppe des Alfreider Joches (2280) und nur noch sehr leicht ansteigend zum großen Gipfelkreuz des Maurerbergs. Hier oben genießt man nun die fantastische Aussicht auf die Dolomiten, die

Der Maurerberg mit dem Alpenhauptkamm am Horizont

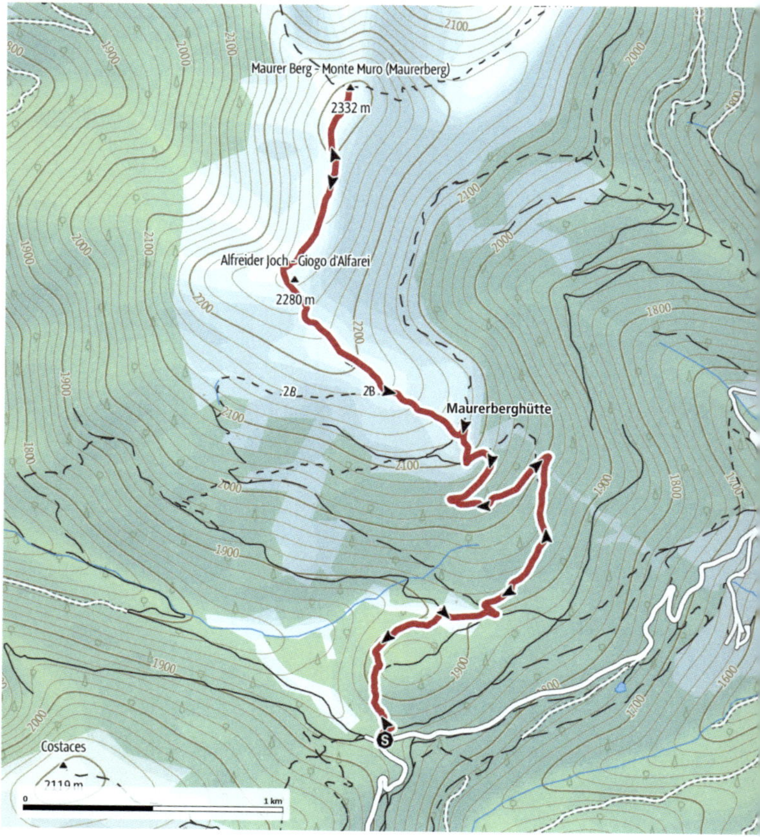

Rieserfernergruppe und die Zillertaler Alpen. Vor allem sticht aber der nahe Peitlerkofel ins Auge.

Der Abstieg erfolgt über den Aufstiegsweg. Als Alternative kann man von der Maurerberghütte über den Weg Nr. 2 zur Pecolhütte hinüberwandern und von dort über den Weg Nr. 2 zum Ausgangspunkt absteigen. Der Alternativabstieg ist ungefähr gleich lang wie der Abstieg über den Aufstiegsweg.

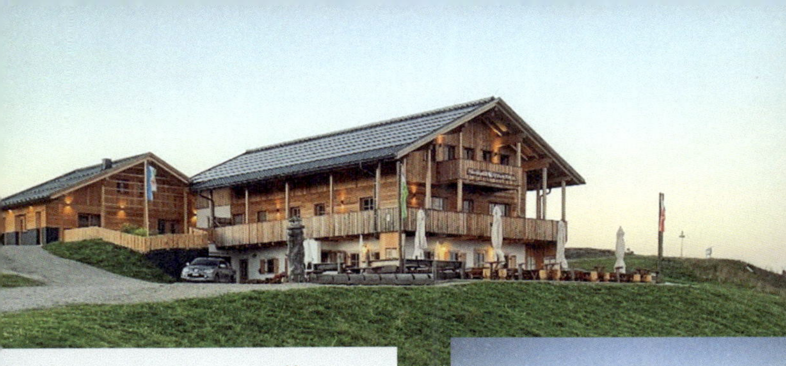

MAURERBERGHÜTTE

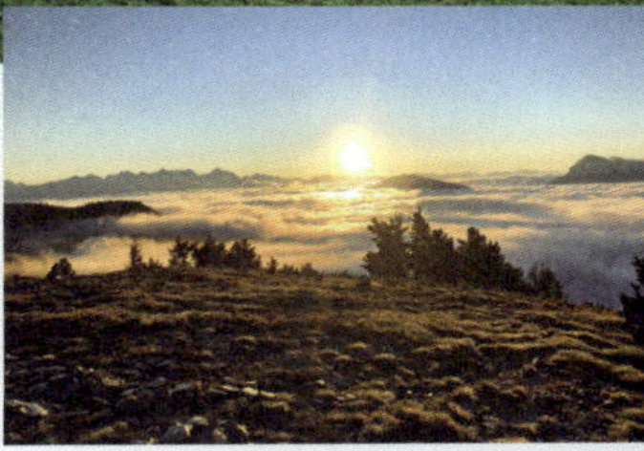

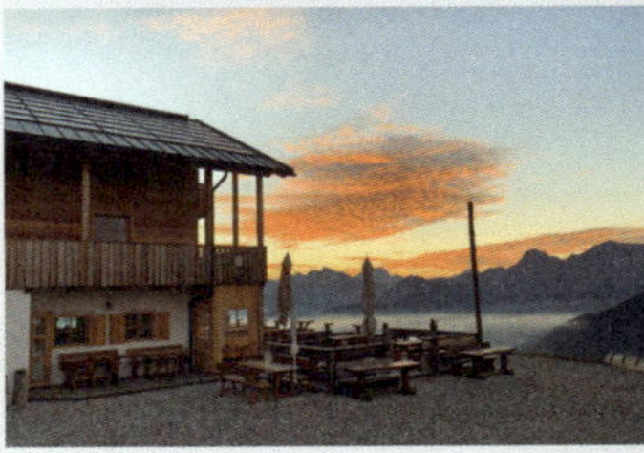

In unserer heimelig eingerichteten Berghütte findet der Naturfreund eine typische Mahlzeit, Schutz vor den Launen des Wetters und Erholung und Schlaf mit einem einmaligen Panorama.
Unsere Gäste können sich in der getäfelten Stube oder auf der Sonnenterrasse stärken, während die Kinder sich inzwischen auf der Wiese austoben können.
Die Maurerberghütte ist ein einzigartiges Urlaubsziel für erlebnisreiche Tage am Würzjoch in Südtirol.

Rifugio Monte Muro
Maurerberghütte
2157 m

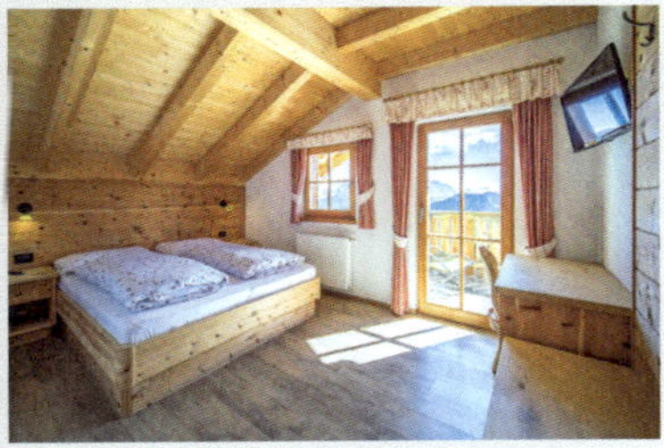

Str. Börz 19
I-39030 St. Martin in Thurn/
Gadertal

T +39 0474 520059
info@maurerberg.com
www.maurerberg.com

Öffnungszeiten
Anfang Juni bis Mitte/Ende Oktober

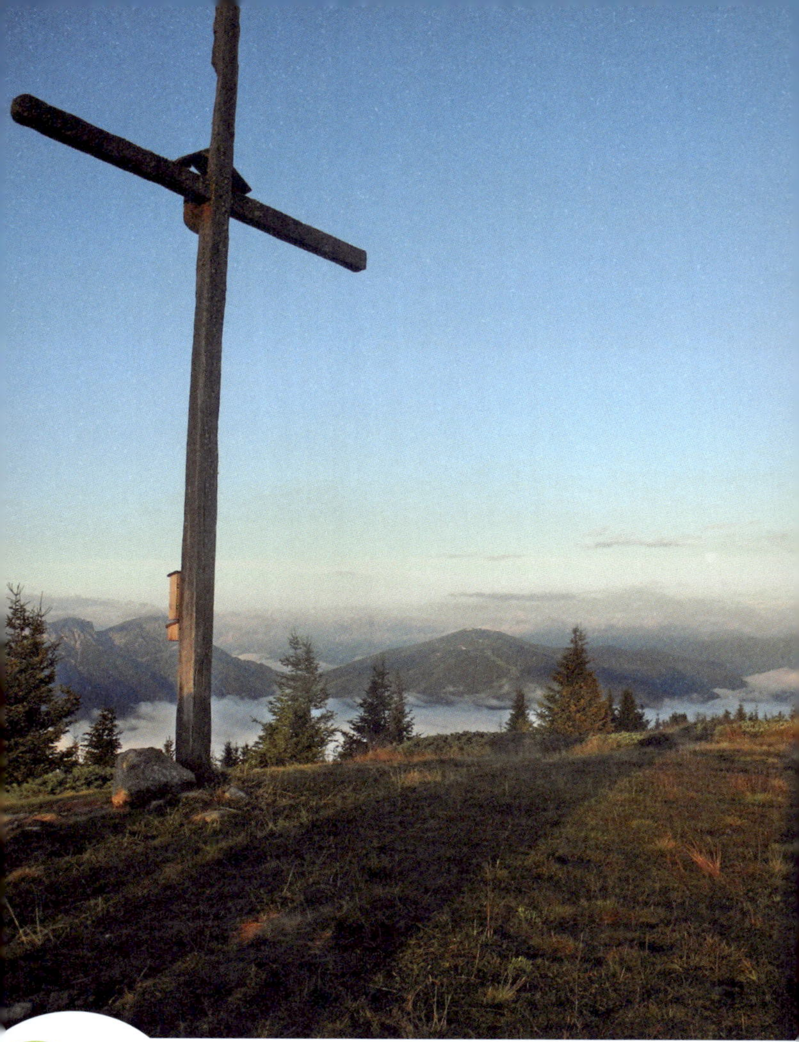

29 Auf den Lutterkopf

Mudlerhof (1580 m), Parkplatz

6,4 km

2:30 h

525 m

525 m

mittel

von Welsberg nach Taisten, vor der Kirche links abzweigen, durch den Wald zum Mudlerhof

„Ein gemütlicher Wanderberg mit erstaunlichem Panoramablick auf das Pustertal und die Dolomiten“

Der Weg durch den Nadelwald ist schattig, auf der rundlichen Erhebung, dem Gipfel des Lutterkopfs, erwartet den Wanderer dann eine herrliche und weitreichende Aussicht über die Sextner Dolomiten und das Hochpustertal. Im Süden ist die ganze Breitseite der Pustertaler Dolomiten zu sehen: Sextner, Haunold, Dürrenstein, Cristallo, Hohe Gaisl und Seekofel und im Norden erblickt man die Rieserfernergruppe.

Wegbeschreibung: Ab dem Parkplatz der Forststraße und/ oder dem Waldweg (Mark. 31) durch herrliche Wälder folgen bis hin zum Lutterkopf (2145 m) mit schönem Gipfelkreuz und Rast-Tischen (bis zum Gipfel ca. 1 ½ Stunden). Dieser

Das Gipfelkreuz des Lutterkopfs

Berg ist der erste Gipfel eines langen Kammes, der das Antholzer Tal flankiert. Auf der Gegenseite, also Richtung Osten, kurz absteigend, zweigt in der ersten Senke der Weg mit Markierung 5 nach Norden ab. Diesem folgen bis zur Brunnerwiesenalm (1969 m) und im Weiterweg stößt man auf eine Forst-Almstraße mit der Markierung 31A. Dieser folgen bis zurück zum Parkplatz am Ausgangspunkt.
Eine Variante bzw. Verlängerung der Tour kann eingelegt werden, indem man unterhalb der Brunnerwiesenalm in scharfer Rechtsabbiegung die Straße verlässt und einem etwas versteckten Steig (Mark. 5) durch den Wald folgt. Auf diesem Steig erreicht man schließlich die Hochrautalm. Ab der Alm führt wieder ein verstecktes Steiglein ohne Markierung kurz nach oben und in anschließender Querung erreicht man wiederum die Forststraße. Dieser entlang absteigend gelangt man zurück zum Waldweg (Mark. 31) und damit zum Parkplatz am Mudlerhof.

TIPP

Man kann die Wanderung auch über den Durrakopf erweitern. Dieser ist nur 130 m höher als der Lutterkopf, die Gehzeit verlängert sich um eine Dreiviertelstunde.

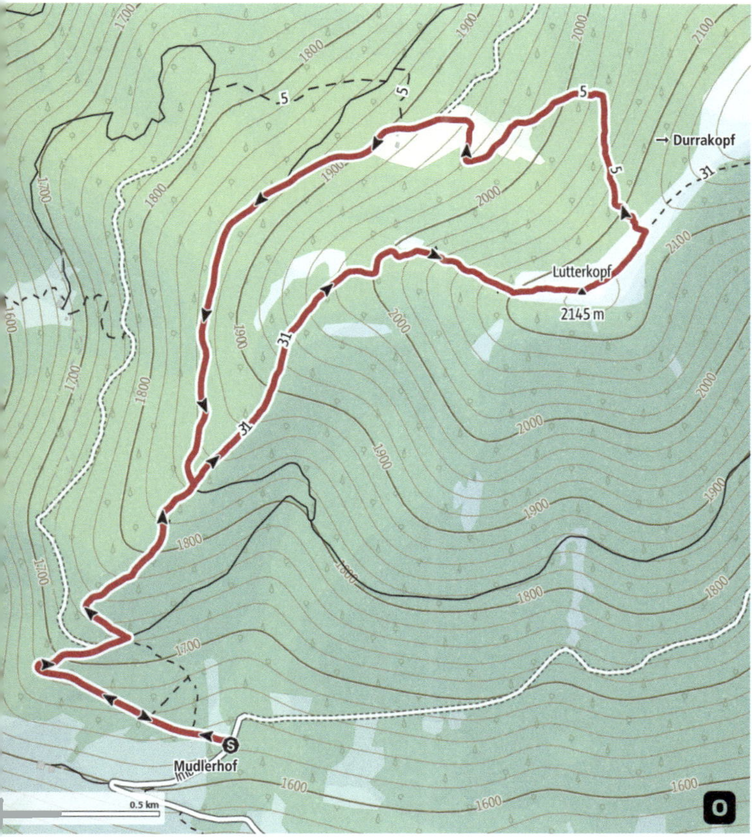

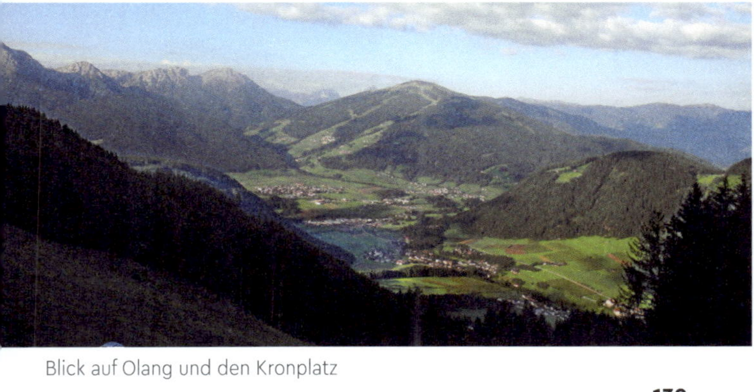

Blick auf Olang und den Kronplatz

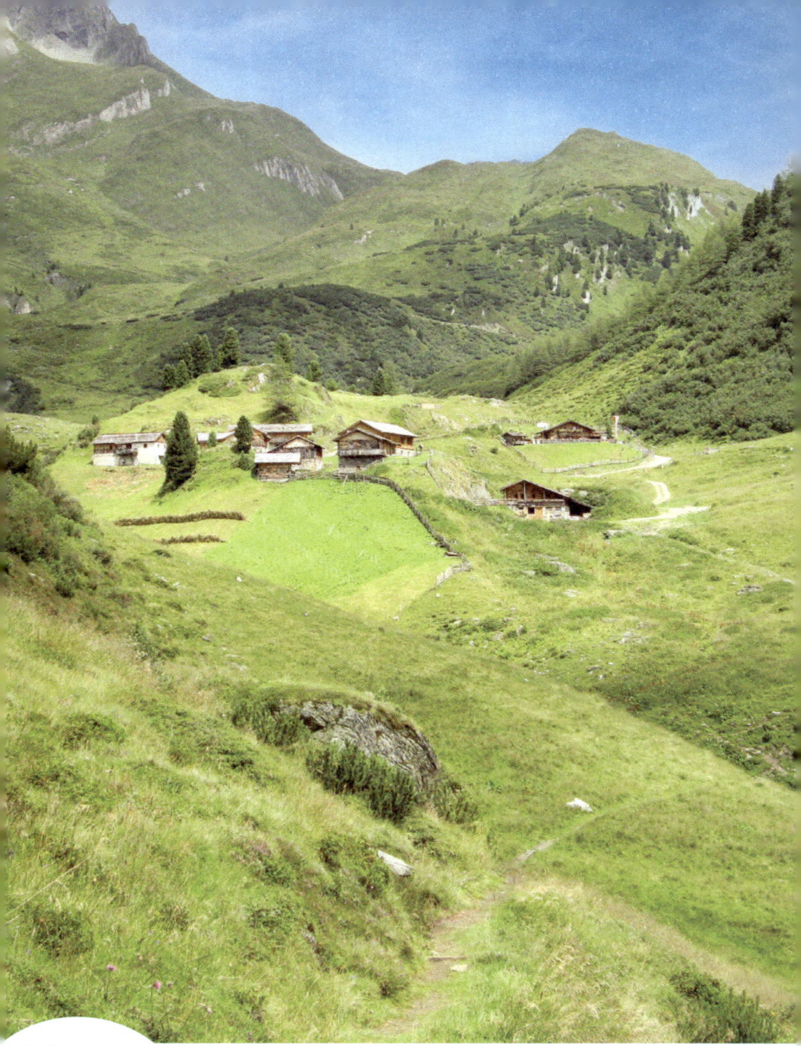

30 Zur Durra- und Knuttenalm im Reintal

Wanderparkplatz hinter Rein in Taufers

7,4 km

2:40 h

460 m

460 m

mittel

von Bruneck nach Sand in Taufers, dort weiter nach Rein in Taufers bis zum Ende des Dorfes

»Almenrundwanderung in Rein in Taufers mit Blick auf die imposante Bergwelt der Rieserfernergruppe«

Der Wegverlauf dieser einfachen, wunderschönen Wanderung im wildromantischen Knuttental führt zur Durraalm und zur urigen Almsiedlung der Knuttenalm. Die Almen, eingebettet in die unberührte Natur des Tauferer Ahrntals, sind Ausgangspunkt für vielerlei Wanderungen, aber auch für längere, weiterführende Touren in die traumhafte Bergwelt des Naturparks Rieserferner-Ahrn.

Wegbeschreibung: Vom großen Parkplatz, eineinhalb Kilometer hinter Rein in Taufers am Eingang ins Knuttental, wandert man auf Steig 1 vom Talweg links ab (Wegweiser »Durraalm«), zuerst kurz durch freie Grashänge und dann durch Bergwald teils etwas steil, teils fast eben hinauf zu

Die kleine Almsiedlung der Knuttenalm

steilen Bergwiesen und zur Hütte der Durraalm (2096 m, ab Parkplatz 1 Std.). Während einer kurzen Rast kann man den Blick über die imposante Bergwelt der Rieserfernergruppe schweifen lassen. Nun folgt man der Markierung 1A durch die freien Grashänge zuerst ein Stück nahezu eben, dann bald ziemlich stark absteigend und zuletzt kurz aufsteigend in knapp einer Dreiviertelstunde zum kleinen Almdorf der Knuttenalm (1869 m). Sowohl die Durra- als auch die Knuttenalm befinden sich im Naturpark Rieserferner-Ahrn. Von der Knuttenalm geht es auf dem ungeteerten Güterweg, teils abseits davon auf unmarkierten Pfaden, die meist neben dem Bach durch Grasgelände führen, in gemütlicher Wanderung talauswärts und zurück zum Parkplatz; ab Knuttenalm eine Stunde, ab Durra-Alm knapp zwei Stunden.
Man kann auch direkt vom Parkplatz aus auf der breiten Forststraße zur Knuttenalm wandern (Gehzeit: ¾ Std.).

TIPP

Man hat die Möglichkeit, die Tour auszuweiten, indem man von der Knuttenalm aus zum Klammlsee und weiter auf das Klammljoch (ab Knuttenalm ca. 1½ Std.), das die Grenze zwischen Südtirol und Osttirol bildet, weiterwandert. Dort bieten sich herrliche Blicke ins Arvental mit der Jagdhausspitze und Löffelspitze.

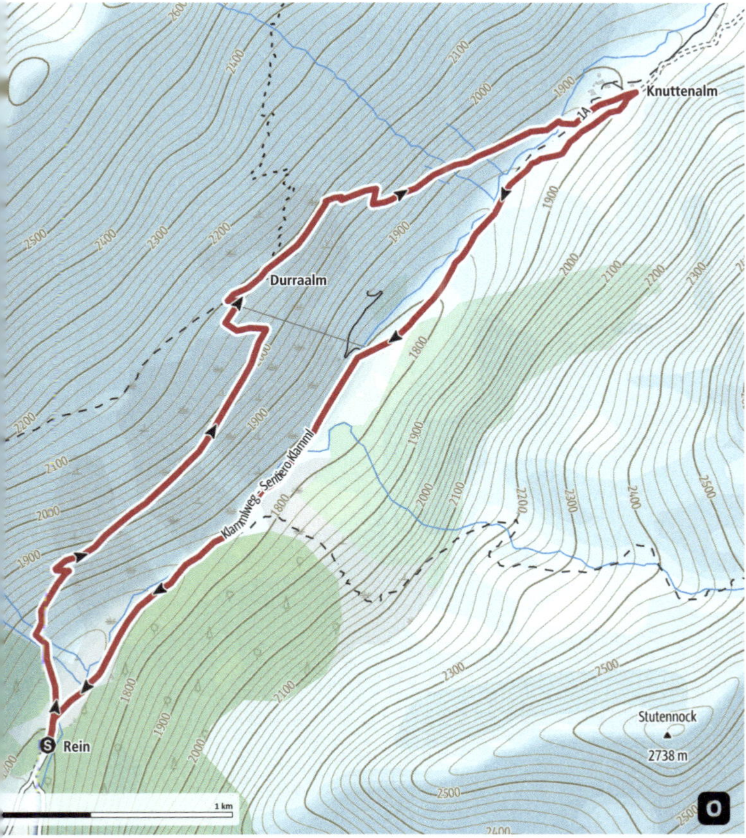

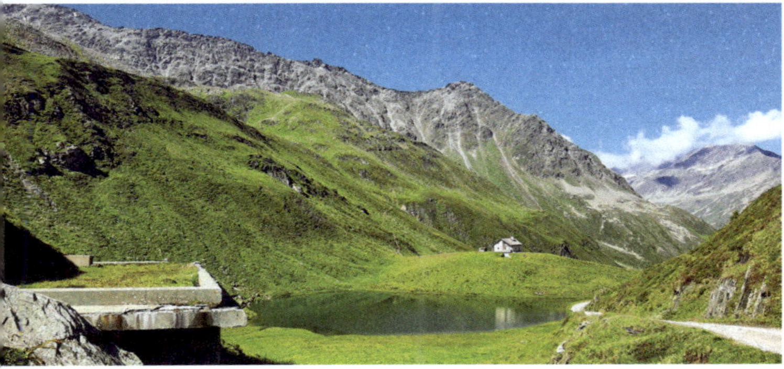

Der Klammlsee mit ehemaligen Grenzgebäuden

BILDNACHWEIS
Athesia-Tappeiner Verlag 10, 14, 20, 34, 42, 46–47, 49, 53, 54, 66, 76, 80, 86, 102, 108–109, 111, 118, 120; **Sören Bartosch** 122; **Frieder Blickle** 45; **Astrid Dill** 104; **Hubert Gögele** 60; **Thomas Grüner** 4, 7, 24, 126; **Dietrich Holtz** 112; **Gilbert Holzmann** 136, 139; **IDM Südtirol** (Harald Wisthaler) 8–9; **Manuel Kottersteger** 124, (©Meran 2000) 9, 41; **Christjan Ladurner** 50, 58, 72; **Marion Lafogler** 75; **Hanspaul Menara** 132; **Helmut Moling** 127; **Roland Pircher** 57; **Petra Ploner** 128, 131; **Rosmarie Rabanser Gafriller** 79, 140, 143; **Helmuth Rier** (Tourismusverein Kaltern) 69, (Seiser Alm Marketing) 101; **sarntal.com** 88, 91, 92; **Michael Schwarzer** 65, 106; **Nora Sölva** 62; **stock.adobe.com** 13, 37, 70, 84–85, 98, 114, 121; **Tourismusverein Partschins** (Helmuth Rier) 28, 30; **wisthaler.com** 16–17, 19
sowie Bilder aus dem Privatbesitz der Inserenten.

2. Auflage 2025

Weinbergweg 7
I-39100 Bozen
buchverlag@athesia.it

Texte: Leo Brugger, Marlene Weithaler, Thomas Plattner, Rosmarie Rabanser Gafriller, Hans Dosser, Hanspaul Menara, Cilli Staffler
Umschlaggestaltung: FAVORITBUERO, München
Design & Layout: Athesia-Tappeiner Verlag
Kartografie: © Outdooractive;
© OpenStreetMap (ODbL) – openstreetmap.org
Druck: Athesia Druck, Bozen
Papier: Umschlag Symbol Card,
Innenteil Soporset Premium Offset

Gesamtkatalog unter
www.athesia-tappeiner.com

ISBN 979-12-80864-05-5

FSC www.fsc.org MIX Papier | Fördert gute Waldnutzung FSC® C010042

Dieses Buch wurde der Umwelt zuliebe nicht mit einer Schutzfolie eingeschweißt.

designed + produce
IN SÜDTIROL